情熱のフランス料理

Ma Passion Pour La Cuisine Française De L'artisan A L'artiste.

アルチザンからアーティストへ!

プロローグ

フランス料理は時代とともに進化している。進化の裏には、料理を時代に合った新しいスタイルへと変貌させていく批評家たちの存在を忘れてはならない。タイヤメーカーのミシュランがガイドブックを作って百二十年になるが、料理を星の数で評価してきた歴史は古い。三ツ星の評価はシェフたちの進化の証なのである。

この本の主役であるケン・ジェームス・ワタナベ（渡辺顕一朗）は、長崎で水揚げされる魚介類を有名フレンチ・レストランに、食材として提供してきた。一九六〇～七〇年代の、ちょうど昭和から平成に入るころである。日本でもようやくフレンチが周知されて、「ビストロ」や「ソムリエ」などのフランス料理に用いられる言葉が世の中に普及し、一般人が気軽にフレンチを楽しめるようになっていた。ケンは、朝早く長崎で水揚げされた魚介類を午後には東京に届ける仕組みを開発した。いまでは当たり前だが、当時はまだ鮮魚の流通システムは確立されていなかった。

六〇年代から七〇年代ごろ、日本人シェフたちがフランスに渡って、本場の優れた料理人（グランシェフ）の下で修業を積んでいたころ、フランス料理界は大きく転換期を迎えていた。ヌーベル・クイジーヌ（新しいフランス料理）である。その古いスタイルと新しい風を受けて、学んで帰国したシェフたちは、日本でのフランス料理の普及を模索しはじめた。その結果がホテルのレストランではなく、それぞれがオーナーシェフとして自分たちの店を持つことであった。本物を追求しようと動きはじめていた。

そして、情報を伝える媒体が大きく変化したのも同じ時代であった。新聞からラジオ、ラジオからテレビへと情報はビジュアルに働きかけるものへと変わり、フレンチの普及はテレビというメディアによって、大きく躍進した。さらにテレビからインターネットへと変化し、いまやインターネットを通じて誰でも評価を発信できる時代になっている。

フランス料理は批評されながら、進化を続けてきた。批評の最たるものがミシュランの「星」であるが、ネットでの評価の登場によって、料理も国境を越えてボーダレスになってきている。しかし、信念を持って料理に向き合ってきたシェフたちは、時代の潮流に左右されない情熱を大事にしている。ケンは、伝統的なフレンチのもつ文化性を大切に伝えようとしているシェフたちに限りない共感をよせる。

グローバル時代に入り、さらに国際感覚を身につける時代を生きる人たちへのメッセージを、ケン・ジェームズ・ワタナベは残したいと考えた。オーナーシェフたちの並外れた発想と行動力を本書に書き残して、次の時代を生きる者たちへのメッセージ、ひとつのロールモデルを示したいと。

本書を著すにあたり、ケンやシェフたちへの取材はもちろん、ケンが二十五年にわたって発信してきた発行物「イメックス・ジャーナル」を参考にした。ケン自らが編集してきた誌面には、料理哲学が盛り込まれると同時に、フランス料理を作るシェフたちへの敬意と料理への深い愛情にあふれている。そこにはフレンチを引き継いでいくシェフたち、そして未来のシェフたちへのエールがこめられている。

取材・構成：長崎文献社編集部

目次

プロローグ……3

第一部 長崎の食材とフレンチ

第1章 パトリック・テリアン氏との出会い――フランス料理の一流シェフが長崎で食材発見……10
長崎魚市のとりこになった　フランス料理界若手シェフたちに接近　突然の訪問スタイル
産地直送を即日実行した流通革命　西洋料理が開花した歴史ある街長崎　「ギャルソン・ケン」の開業
納入業者としてのケンのこころざし

第2章 国際感覚は家族から――フランス人妻と娘から異文化を吸収……26
音楽のある家庭には外国人も出入り　国際結婚で家庭料理に感動　長女の誕生と家族の存在
言語と料理という文化　戦略を持ったビジネス展開

第3章 イメックス・ジャーナル発行――二十五年間で110号発行した手作り情報誌……40
食文化情報を発信する企業誌　ホスピタリティーは接客業の基本　迷走した時代に「料理の鉄人」
世界の市場を歩くリポート　長崎の魚を世界へ

第4章 美食の世界の巨人たち――ジャック・ボリー、井上旭、勝又登のカリスマ性……54
仕事を超えた交流　美食会でのシェフたちの饗宴　ヌーベル・クイジーヌ支えたシェフたち

第二部

フレンチ黎明期のシェフたち

シェ・イノ　井上 旭・2代目 古賀純二……68
ラ・ロシェル　坂井宏行……79
オーベルジュ・オー・ミラドー　勝又 登……84
ボルドー　大溝隆夫・隆智……92
ラ・ブランシュ　田代和久……98
ル・ジャルダン・デ・サブール　中澤敬二……102
ヌキテパ　田辺年男……106
ギンザ・トトキ　十時 亨……112
エディション・コウジ・シモムラ　下村浩司……116
エピローグ……120

第一部
長崎の食材とフレンチ

第1章　パトリック・テリアン氏との出会い
第2章　国際感覚は家族から
第3章　イメックス・ジャーナル発行
第4章　美食の世界の巨人たち

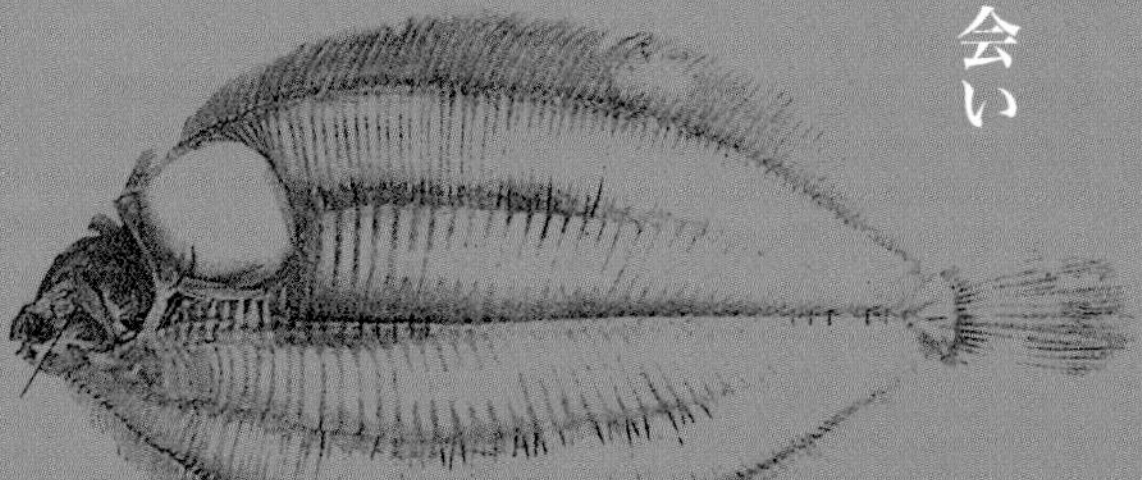

第1章

パトリック・テリアン氏との出会い

フランス料理の一流シェフが長崎で食材発見

パトリック・テリアン氏とケン（右）

長崎魚市のとりこになった

　一九八一年、フランスからある客人が長崎にやって来た。フランス料理界を牽引するパトリック・テリアン氏だった。大阪の調理師専門学校の講師として着任したばかりのパトリック氏は長崎の老舗洋菓子店との縁で来崎した。ちょうど長崎の大学でフランス語の授業を担当していたケン・ジェームス・ワタナベの妻オディールに通訳の相談が持ちかけられた。パトリック一家をケンの自宅に招くことになり、一週間の滞在をサポートすることになった。

　パトリック氏はフランスのロワール地方出身。中世から交易の街として交通の要所であったストラスブールのフレンチ料理店で料理の道を志した。フランスとドイツの文化が溶け合うストラスブールは、多くのユネスコ世界遺産で有名である。パトリック氏は数多くのホテルで責任者を務め、一九七六年にホテル日航パリがオープンした際には、ジョエル・ロブション氏とともにスタッフとして厨房を支えた。

　来日した時期は日本でもフランス料理店が街場にオープンしていたころで、フランス料理の知識や技術を料理人たちに伝えてほしいと日本の専門学校に招聘されたのだった。

ワインで乾杯！　パトリック・テリアン氏との出会いがケンの人生を変えた

渡辺家に滞在したパトリック氏は「ゲスト」だったが、手料理を毎日のように振る舞ってくれた。市内の市場に出かけては新鮮な食材を求めるパトリック氏にケンも付きっきりだった。魚や野菜、肉など地元の食材ひとつひとつを丁寧に見て回り、大量に買っては自宅に持ち帰った。台所に立つパトリック氏はやはり料理人だった。

ケンは毎日振る舞われるフランス本場の味に感銘を受けた。普段食べている魚が、フランスの味に変化する過程を目の当たりにし、まったく違う味わいをもたらすことに興味が沸いた。「このときに料理を素材から見る視点に気づかされた」とケンは話す。パトリック氏から「長崎にはフランス料理に合う食材が豊富に

テリアン氏の自宅でくつろぐ

ある。学校にも食材を送ってほしい」と提案された。

長崎港に水揚げされる魚の種類を調べていくうちに、たしかにフランス料理に適した水産物が多いことが分かった。しかも鮮度がよく、魚市で取引されていた金額が安かった。パトリック氏に魚を送るたび、多くのフランス料理を扱う料理人たちに長崎の魚をもっと使ってもらいたいという気持ちが強くなった。これはビジネスチャンスだと閃いた。

この出会いが、長崎の食材を一流のフランス料理店へ届けるという挑戦へと、ケンを誘ったのだ。

フランス料理界若手シェフたちに接近

ケンは、起業する前は造船会社の生産企画室に籍を置いていたことがある。煙突などの船の装備図面の制作に関わる部署である。フランス料理とは縁がない世界だった。

ケンがパトリック氏との出会いをきっかけに、長崎で起業したのは一九八一年三月。三十二歳だった。業種は西洋料理向けの水産食材の卸しである。会社名は「イメックス」。

当時の長崎魚市は尾上町（今の長崎県庁付近）にあり、活気に満ちていた。水産県の看板通り、漁獲量も全国トップクラスを誇っていた。魚種もあじやさばなどの青魚をはじめ、東シナ海の豊かな恵みを揃えていた。

ケンがフランス料理店との取引に注目したのはテナガエビだった。日本人の食卓には馴染みのない食材である。しかしフランス料理にはテナガエビ（ラングスティーヌ）は重宝され

左から、チャールス・ランボー氏、中村シェフ（北野ガーデン）、ケン、パトリック・テリアン氏、原シェフ（元ビストロ ヴァンサンク）、ステファン・ランボー氏（元ロアジス、ラナプール）、山口シェフ（元クリヨン）、森氏（元アルカン）、前列の女性はオディール渡辺。"心斎橋 ビストロ ダンジュにて"

る。しかも当時の長崎の魚市では安く取引されていた。

一九八〇年代は日本のフランス料理界でも新しい風が吹き始めていた。それまでホテルでのフランス料理がメインだったが、フランスで修業を積んだ若手シェフたちが、街場でオーナーシェフとして店を構えるようになってきたのである。

当時三十代の情熱あふれる若手シェフたちが集まり、「クラブ・デ・トラント」という親睦団体を組織した。フランス帰りの若手シェフたちは日本にも本場の味を知ってもらおうと、革新的で挑戦的な勢いに満ちていた。新しいものを生み出そうとするフランスそのものの精神、息遣いをそのまま日本に持ち込んだ。メンバーには井上旭氏、勝又登氏はじめ、高橋徳男氏、石鍋裕氏、坂井宏行氏ら現在のフランス料理界の重鎮たちが名を連ねた。

クラブ・デ・トラントは街場の同業者の連携や研鑽を図るとともに、当時では入手が難しかったフランス料理の肉や魚などの食材を手に入れるためにも協力した。

ケンは、街場のオーナーシェフたちが組織するクラブ・デ・トラントにアプローチすることを考えた。フランス料理に合う長崎の食材を正当に評価してくれることを確信して売り込みに走った。ホテルの場合、料理長が食材を認めても、仕入れは別部門が窓口になって取り引きを担当する。新規の参入が認められるには敷居が高く、食材の良さを伝えても取引までたどり着くことはむずかしかった。

突然の訪問スタイル

ケンには信念があった。「料理が分からない人（業者）はシェフたちと対等に話ができない」と。食材をホテルや料理店に単に納めるだけでは、食材の良さは伝わらない。まずはフランス料理の哲学を理解し、どんな食材が合うのか、果たしてシェフたちがどんなものを求めているのか、そこを知る必要があると感じていた。食材がどのように料理され、どのように客が口にするのか、どんな料理が流行っているのか、独学でリサーチした。

食の傾向を知るために東京の銀座界隈のレストランを食べ歩いた。ケンは自らシェフたちの料理哲学や食

水揚げする魚を積んだ船は所狭しと並ぶ

長崎魚市が長崎港内にあった時代は魚市の活気が町の景気を左右した

文化論を現場で見聞きし、時間も金も費やすことを惜しまなかった。

いつも店を突然のぞくようにしている。長髪に髭をたくわえ、スーツで営業する時もあれば、革製のネクタイにジーンズというスタイルの時もあった。魚を卸す業者というイメージとはほど遠かった。独自のスタイルを貫いていたケンだが、意外とフランス帰りのオーナーシェフたちはすんなりと受け入れた。

こうした突然の訪問は行き当たりばったりではなく、考え抜いた「ビジネススタイル」だとケンはいう。

「初めて会うときにアポイントを取って、玄関から行っても会ってくれない。いま近くにいるから、会いに行っていいですか？　と電話でいえば、必ず会ってくれる」

その物怖じしない度胸と行動力が次々とシェフたちの関心を引いた。門前払いされても諦めずに何度も訪れる。むずかしい要求にも迅速に答えてきた。その姿勢と戦略が成功の秘訣だった。

「古源」社長の古川善次郎氏

産地直送を即日実行した流通革命

いまや国内外の空輸による即日の産地直送は当たり前となっている。しかし今から四十年前は長崎で獲れた魚を空輸で、数時間のうちに東京に届けるという発想はなかった。ケンはいち早くそこに目をつけた。宅急便という小口の物流システムがちょうど始まったころである。イメックスという会社をたちあげ、ケンは起業家となった。

早朝。午前四時に起きて市場に出向き、注文が入った魚を買いつけたのちに発泡スチロールに梱包。午前八時の宅急便を使って東京に発送すれば、その日夜のメニューで提供できる。この即日配送をケンはエクスプレス便と呼び、独自の物流プログラムとして構築した。これはイメックスのセールスになり、当時としては画期的だった。

会社が軌道に乗ってからもケンは毎朝、魚市に足を運び続けた。セリがスタートする午前五時前。トロ箱の魚を足早に見て回る。事前に注文を受けていた魚は社員に任せていたが、「この魚なら、あのシェフに使わせてみたい」「この真鯛は喜んでもらえるのではないか」とシェフたちの特徴を思い浮かべながら、スポット買いの目処をつけるのはケンの役割だった。

セリが始まると、取引のある仲買に競り落としてもらう。魚市場の仲買で初めてケンの求めに応じてくれたのが、古源商店の古川善次朗氏だった。魚市場では仲買人がセリに参加して直接買い付けができる。そ

古川毅氏（「古源」社長の弟）

れには権利が必要である。イメックスで権利を取得することも考えたこともあったが、駆け引きの難しいセリはベテランに任せた方が良いと判断した。魚市に足を運び始めた頃は何もわからず、邪魔者扱いされていたが、古川さん兄弟だけは親切だった。そのお蔭で仕事が軌道に乗った。

「古川さんには感謝しています」

イメックスは一九八八年に東京営業所を開設した。東京での展開を営業所に任せ、ケン自身は大阪、京都など関西への進出を視野に入れるようになった。一九九四年、長崎魚市の郊外移転に伴い、イメックスも工場を魚市に隣接する京泊に開設した。順調に会社の規模を拡大し、開業二十周年を迎える二〇〇一年には東京営業所を銀座に移転した。

二〇〇六年、イメックスはフランス高級食材を扱う老舗の卸業者アルカンとコラボレーション営業を始めた。一九八〇年に設立されたアルカンは、日本におけるフランス料理の食材提供のパイオニアである。日本で初めて生のフォアグラやトリュフ、キャビアなどを輸入した。

日本で世界各国の本場のワインを楽しめるようになったのも、アルカンをはじめとする物流業界のノウハウがあるからである。アルカン社員の豊田祥子さんはケンと当時から交流のある友人の一人だ。豊田さんはフランス語が堪能で、食材の買い付けで海外に行くこともある。シェフたちの信頼も厚く、使われている食材や料理に対する知識にはケンが一目置く。

ケンがアルカンと仕事を始めたころ、上司たちと真っ向から議論していたそうだ。その熱い姿とともに、豊田さんら社員にはいつもこう話していた。「自分たちの売る食材がどのようにレストランで扱われて、シェフたちがどんなものを求めているのか、知らなければならない」。そして社員を引き連れて、都内の高級フレンチレストランを訪れた。「あんな風に接してくれる人は、ジェームス（ケンのこと）だけだった。とても勉強になった」。こうしてケンの姿勢から仕事の哲学を学んだという。

西洋料理が開花した歴史ある街長崎

長崎には古くから西洋との交流を続けてきた歴史がある。安土桃山時代、ポルトガルと交易をしていたころにはポルトガルやスペインの食文化が宣教師たちによってもたらされた。日本食として馴染みのある天ぷらだが、元々は Quatro Temporas（四旬節）というポルトガルの宗教用語に由来するという説がある。四旬節には肉を食べることを避けるため、野菜などを油で揚げたものを食していたそうだ。それが天ぷらの語源となった。またカステラや金平糖などのお菓子も、元をたどれば、ポルトガル語である。いつしか長崎を象徴する食べ物として、いまに伝えられている。

一六四一年にはポルトガルとの交易に取って代わり、オランダ人たちが出島に住むようになると、出島を訪れたオランダ人たちは西洋料理を食した。江戸時代に長崎で活躍した

川原慶賀が描いた出島での食卓の様子。肉やワインが並んでいる（長崎文献社蔵）

絵師、川原慶賀らがそれを伝える。「蘭館絵巻」の宴会の図には丸山遊女たちを招き、出島の屋敷で食卓を囲む商館員たちの姿が描かれている。食卓には肉が並べられ、ワインを楽しむ様子があった。新年を迎える一月一日には、「オランダ正月」として日本人たちを招き、商館長（カピタン）主催の宴会が催された。西洋料理の数々で丸山遊女や長崎奉行所の役人らがもてなされた。

　開国して明治を迎えると、肉食が解禁された。欧米列強に引けを取らないためにも西洋文化の吸収に日本が躍起になった。幕末に長崎出島のオランダ商館でコックとして雇われた草野丈吉が一八六三年、日本初といわれる西洋料理専門店「良林亭《りょうりんてい》（のちの自由亭）」を長崎に開いた。フ

「ギャルソン・ケン」のにぎわい

ケンが出島に開いた「ギャルソン・ケン」に勝又登シェフも応援に見えた

ルコースを提供する料理店だったようだ。その後、長崎以外にも横浜や神戸などの開港地につぎつぎと居留地ができ、外国人向けのホテルもまた建設された。草野もまた神戸などへと拠点を移し、西洋料理を広めていった。

日本における西洋料理の歴史は長崎から始まり、脈々と今日まで引き継がれている。常に新しい形を求めて進化し続ける料理でもある。

ケンもまたそんな長崎の地で店を構えたことがある。場所は出島である。

「ギャルソン・ケン」の開業

店名は「ギャルソン・ケン」。親交のある勝又登氏らがオープニングには駆けつけ、厨房に立つこともあったという。

勝又シェフは自ら厨房に立って腕をふるってくれた

ケンの友人知人たちがいつもワイワイと。
左から、後藤田シェフ（アルチザン・マコト）、パトリック・テリアン氏、ポーラン・リオ氏（元 ルージエ）、ケン、塚田シェフ（ガーデンテラス）。“ギャルソン・ケンにて”

そもそも、なぜみずからフランス料理店を開店することになったんか。ケン自身に振り返ってもらおう。

「ギャルソン・ケン」開業の二〇一一年の前年、ケンはイメックスを引退している。年齢がもう六十二歳になっていた。しかし、フランス料理の魅力とシェフたちとの会話に触発されて、「理想のビストロをもちたい」という夢をもっていたので、なんとしても、「パリにいるような雰囲気の居酒屋」を目指して開業を決意した。六十三歳からの再出発だった。

カウンター二席にテーブル席に二十人というこじんまりした店ながら、内装や雰囲気づくりには気を使った。調理場にはシェフを一人雇い、男性一人の従業員にケンみずからが、店に立ってスタートした。しかし、二年目からはサービスの女性をひとり雇い、ケン自身が料理を担当して全体を切り盛りして、大変な話題となった。

宣伝や広告はしなかったのに、話題になるスピードがはやく、おりからのＳＮＳで「美味しい、愉しい」と評判が拡散して、毎日が満席状態となった。外国人客の多さも評判となり、「英語、フランス語がわかるオーナーがいる」と、ＳＮＳで店の高い評価はつぎつぎに広がっていった。

客層は三十代女性が多く、つぎは「西洋がわかる長崎の文化人」、ホテルやレストラン経営を理解する男性も並んだ。とくに病院関係の常連客が多く、経営も二年目から黒字となった。しかし、営業時間を客の帰宅時間に合わせて深夜十一時までとしていたのが失敗を生んだ。

二〇一六年の四月、深夜の後片付けを終えてバイクで帰宅する途中で転倒する大事故に遭った。救急病院に入院することになってしまう。「顔面陥没、左足首ヒビ、血栓発生、肝臓出血」という重症でと六カ月の入院。店を継続することを断念せざるをえなくなった。二〇一七年に六年六カ月で店を売却、体調の回復に専念することにした。

いまも「ギャルソン・ケンは自分の家のようなくつろげる店だった」という元常連客がいる。

納入業者としてのケンのこころざし

一九八一年にケンは「イメックス」を立ち上げ、フランス料理人に食材を届ける納入業者として三十年のあいだ活動をつづけた。全国に三百社にも及ぶ取引先を相手にしたピーク時もあった。なぜ、ここまでの信頼を勝ち得たのか。

「納入業者としてのコンセプトは、だれもが認めるハイクオリティなオリジナルな商品づくりをして、一流フランス料理店に納品する」という基本コンセプトが、その信頼のもとになったと、ケンはいう。

(上)前田グランシェフ&安島シェフとMoliMoliと(雅俗山荘にて)
(下)小久江次郎シェフ&西久保シェフと(芦屋・次郎にて)

　ブランド化するにあたっては、最初から会社のロゴを作り、すべての商品にロゴを載せた。その結果、ホテル、レストランの現場では「イメックス商事」のブランド名は定着して三百社近い顧客に認知された。

「ギャルソン・ケン」は千客万来

「パリの居酒屋を長崎でやりたい」の一念で、63歳のケンは自ら接客や調理場を切り盛りする「ギャルソン・ケン」という店を長崎の出島にオープンした。SNSでの評判は瞬く間に拡散して、外国人客を含めて毎日満席状態がつづいた。下は外国人客のスナップショット。

エトランジェがニューヨークから

ギャルソンソワニエと

エマヌエルとベンジャマン

こちらはカナダから

一人の外国人客も

ハンブルクからも

長崎の出島に「外国人もたくさんくる評判の店ができた」と話題が拡散した「ギャルソン・ケン」は、店構えにも神経を使い、「パリの居酒屋」をイメージしたユニークな設計を施した。

第2章
国際感覚は家族から
フランス人妻と娘から異文化を吸収

音楽のある家庭には外国人も出入り

ケン・ワタナベ（渡辺顕一朗）は一九四八年、長崎市に四人兄弟の長男として生まれた。稲佐山の麓にある水の浦地区で育った。実家は下宿を営み、数名ほどの学生たちを受け入れていた。下宿生たちから勉強を教わることもあった。当時は「けん坊」と呼ばれ、人懐っこい性格で好奇心が旺盛だった。三菱に勤めていた父親は厳しく、兄弟の中ではケンがいちばん叱られた。小学校のころ、狭い勉強部屋が与えられるようになり、泣きながら鉛筆を握っていた。

いつも音楽のある家庭だった。当時バンドを組んでいた叔父がギターを持ち込んで弾き語りをしてくれた。よく家に遊びに来ていたので、その光景が焼きついている。父親もアメリカの音楽をよく聴いていた。電気に詳しかった父は、ハイファイ・ステレオを組み立てて、プレーヤーで音楽に親しむ環境があった。三菱に研修で訪れていた外国人を家に招いたりもしていた。

市内の高校を卒業してまもなく、音楽好きの友人と一緒に沖縄那覇へ。沖縄の男性をメンバーに入れて演奏活動をするようになった。アメリカの占領下だった沖縄はフィリピン人も多く、街には米軍のための

パリ市街のにぎわい。セーヌ川に舟が行き交い、遠くにはエッフェル塔が見える（ケン撮影）

バーが数多く営業していた。ちょうどベトナム戦争のころ。そこで英語を習得し、英語を抵抗なく話せるようになった。当時、パスポートを必要とした沖縄には長期滞在がむずかしく、三カ月おきに出入国を繰り返していた。

しかし、沖縄でのバンド活動にいよいよ限界を感じる。生計を立てるにはむずかしく、沖縄が日本に返還される直前の一九七一年、ついに長崎に戻ることにした。運よく、就職先が決まった。

三菱重工が出資した子会社で、船の装備品を製造する会社だった。この会社で生産計画室に配属され、煙突や台座など船にかかる装備品を鉄から製品になるまでの生産過程のプランニングを任された。会議に出席して計画をプレゼンテーションする責任を与えられた。パソコンもプリンターもない時代、資料作りには苦労した。当時は三菱造船所香焼工場ができたころ。そのそばに会社があり、景気がよかった。社長に可愛がられ、よく食事に誘われていた。

ところがオイルショックの影響で会社は閉鎖。百五十名いた社員も半分ほどに縮小していた。三十一歳で会社を退社することになった。七年ほどの就業だった。

国際結婚で家庭料理に感動

会社を退社する数年前。一人のイギリス人男性と長崎市内のバーで出会った。人見知りしない性格もあって英語が話せたので、すぐに仲良くなった。男性は技術者として三菱に招かれていた。この男性を介してひとりのフランス人女性と知り合うことになる。妻のオディールである。

オディールは長崎大学でフランス語を教えるために着任したばかりだった。フランス語、英語、スペイン語、日本語の四カ国語を操る言語のスペシャリスト。初めて会ったときから会話が弾み、気が合った。フランスの文化や料理、考え方など、これまで出会ったことのない話に心惹かれた。出会ってまもなく付き合いが始まり、いっしょに暮らすようになった。そのときに衝撃を受けたのは、料理の美味しさだった。料理好きのオディールが作るフランスの家庭料理もまた感動の連続だった。

ケンが二十九歳のとき、二人は籍を入れた。オディールと知り合った

正面に見えるのはパリ3区“レピュブリック広場”のマリアンヌ像（ケン撮影）

当初は当然フランス語を話せなかったケンだが、別の知人のフランス人に言葉を学んだ。「夫婦ではなかなか先生と生徒にはなれない。すぐ喧嘩になる」と苦笑いする。結婚生活は「好いた、惚れた」だけではうまくいかない。とくに国際結婚は言葉による意思疎通は不可欠。ケンはそのための努力を惜しまなかった。

式は挙げなかったが、食事会を長崎の老舗西洋料理店「ハルビン」で催した。両親、兄弟、そして当時勤めていた会社の社長を招き、十三名のささやかな宴だった。ハルビンでは、テーブルの中央にロシア式の大きな黒パン、そしてその上に塩が置かれていた。「ロシアではパンと塩があれば、どんなに辛いことがあっても生きていける」と、そんな意味を込めた、マスターの心憎い演出だった。ケンにとって思い出深い「ハルビン」は二〇二〇年三月に看板を下ろした。ケンは閉店を前に、店の歴史や長崎の料理人たちをまとめたイメックス・ジャーナルを届けた。

「ハルビン」は長崎の食文化の歴史そのものであり、先代たちの功績を誇りに思ってほしいという思いをこめて。

結婚してまもなく、初めてオディールの故郷アンジェを訪問した。中世の古城が並ぶロワール川沿いに栄えた街で、ジャンヌ・ダルクが戦ったオルレアンに近い。豊かな土壌はワインの産地でもある。オディールの家族はケンを温かく迎え入れてくれた。初めて出会った気がせず、もう何十年も知り合っているような感覚だった。そこでもフランスの家庭の温かさに触れた。

フランス人は食卓をコミュニケーションの場として重視する。「三時間かけて食事する」と一般的にいわれるが、時間が長くなるのも当然である。食前酒が出される前から、食後のコーヒーまでずっとおしゃべりを続けている。飼っている犬の話、育てている花の話、バカンスの過ごし方、猥談も遠慮なく、オープンに話す。ときに思想・信条の話もジョークを交えて上手に話す。

ケンは「自分たちの時間の過ごし方を自慢話に変えて、楽しく話ができる」と話す。食事会は夜中まで及ぶこともある。おいしい食事があれば、会話が弾むのだ。

長女の誕生と家族の存在

一九七八年に長女が生まれ、渡辺・エロディ・浩美と名づけた。「エロディ」はオディールが授けた。カトリックに由来するそうだ。日本名の浩美はケンからの贈り物である。

家族で食事。左から妻オディール、娘エロディ、そしてケン

「浩」という漢字は海のように広く大きいという意を持つ。ダイナミックに美しく生きよという父親の願いである。

出産は難産だった。母子ともに産後がよくなく、医者からは「危ないかもしれない」といわれた。入院生活は一カ月続き、ケンは毎日のように病院に通った。「授かった子が女の子でよかったと思う。母親のいい話し相手になっている」とケンはいう。いまもずっと仲の良い親子関係に安堵する。

エロディが小学校五年生のとき、フランスの小学校に一年間だけ編入させたことがある。アンジェのオディールの実家で両親に預けた。フランス語を正しく身につけてもらうためだった。一人っ子だったので、成長してフランスに帰ったときにハンディなく過ごせるようにという思いがあった。

旅行好きだったオディールは、幼いエロディを連れてよく世界中を巡った。アメリカやチェコスロバキア、トルコ、イギリス、東南アジア。さまざまな民族に出会って動じない人になるように、というオディールの子育ての方針だった。旅に出ると、ひと月は帰ってこない。オディールは世界中の友人の家を泊まり歩いた。「お陰で僕は炊事、洗濯、なんでも家事をこなせるようになった」とケン。

外国に行けば、友人宅を転々とするのは当たり前で、ホテルに泊まることはほとんどない。逆もあり、外国から友人が訪ねてくれれば、気兼ねなく自宅に泊める。欧米人は友人を大切にして、一緒に食卓を囲む時間を楽しむ。つい先日もフランス・リヨンの近くから来た友人が十日間ほど、ケンの自宅に滞在した。お互いに干渉なく、家の出入りも自由。基本的に移民国家なので、受け入れるという歴史がある。

エロディは十八歳になると、パリのノートルダム寺院近くのアーティストを育てる専門学校に四年間通った。そこで世界中から集まる人たちと交流した。学校の先生から一緒に活動しないかと声を掛けられ、パリ郊外にあるアトリエを拠点にテキスタイルのアーティストとして活躍している。フランスに住んでもう二十年以上になる。パリや東京などで個展を開くこともある。ケンは「情緒、

感性が豊かで素晴らしい女性に育ったと思う。思いやりがあって、美意識、表現力もある」と評価している。ケンもまた家族の影響を多大に受けた。国際感覚が有利に展開したのはイメックスという会社を作った時。フランス食文化に違和感なく、自然と入っていけたのはオディールの存在があったからだ。

ニュージーランドやオーストラリアなどの英語圏の漁業の情報も入手できるようになり、世界中の情報を身近に感じてビジネスに役立てた。フランスに行ったときも躊躇なく、市場や人の中に入って、新しい感性を身につけることができた。

何より「味噌汁よりバターが好きだった」という発見である。これはオディールと結婚しなければ気づかなかった。国際結婚やコスモポリタンのような家庭環境がケンの感性や感覚に磨きをかけている。

言語と料理という文化

フランス料理界で言語は重要な要素である。言葉は文化そのものを表す。フランス料理や文化があらわす概念はフランス語でしか伝わらない。厨房で繰り広げられるのは英語

パリ市街のレストランのある風景（ケン撮影）

ではなくフランス語である。シェフの指示を的確につかめなければ、使いものにならない。渡仏した日本人シェフたちが料理技術の前に、言語の習得に力を入れたのは、このせいである。

「イメックス・ジャーナル」にはシェフたちの苦労話を載せている。

〈仕事につき、オードブルをやらせてもらったけど、言葉が理解できず苦労の連続でフランス生活が始まった。三カ月ほどオードブルをした後、魚料理の担当になった。このレストランは五十席以上あり、オーダーが入るとフランス人のギャルソンが「ケール　ターブル？（何番テーブル？）」と自分に尋ねるが、すぐに答えることができず、仕事が終わり、毎晩寝る前にフランス語で百まで練

習して寝床についていた〉

シェフたちの苦労がにじみ出るエピソードだ。

フランスの食卓にもまた会話は欠かせない。とくにフランス語は言葉の響きやイントネーションで出自が分かり、歴然たる階級社会を感じる場面がある。美しいフランス語が話せるかどうかは、その人の教養を決める。フランス語を話しても、アフリカ系なのか、アジア系なのか、すぐに分かる。例えば、パリのレストランを予約しようとすると、アラブ系の発音なら「満席だ」と断られる。しかし、オディールやエロディのように正当なフランス語で話せば、同じレストランを予約してもすぐに対応してくれる。言葉の壁の高さが歴然とある。

「エロディを一年間フランスの学校に編入させたのは、オディールはこうしたことも十分にわかっていたからだと思う」とケンは改めていう。当時、日本の小学校では「海外の学校に編入すると、いじめに遭う」などの理由を並べ立て反対した。しかし、長い目で見れば、子どものころに現地でフランス語を学ばせたことは間違いではなかった。フランス人の発音にこだわったのは、言語学のプロであるオディールだからできた発想である。

日本国内にも似たようなことがある。例えば京都の「一見《いちげん》さんお断り」の文化。ケンは営業のときに感じた。イメックス時代に食材を使ってもらうよう営業するときに、信頼のおける京都人の紹介がないと受け入れてもらえないと忠告された。ケンのいきなり訪問のスタイルが初対面では通用しないことを知った。一方で、東京は「るつぼ」、全国からの集まりである。面白いことや最新のもの、何でも受け入れてくれる土壌があった。ビジネスの相手をほとんど東京に照準を絞った理由もそこにある。ビジネスでは、こうしたルールをわかっていなければ失敗する。

中国や東南アジアとの商売は特に現地の仲介人を入れなければ、成功は厳しいという。「郷に入りては郷に従え」ということわざのように、その社会や文化への敬意を持ってルールに従うこともまた心得ていなければならない。こうした国際感覚をいち早く身につけさせてくれた家族にケンは感謝している。

戦略を持ったビジネス展開

ケンは欧米人がビジネスするときに、度量の広さを持っていることも理解していた。ケンが目をつけたのは長崎へ寄港する豪華客船である。寄港地で船のなかで使う食材を調達する。そこにうまく入り込めないかと考えた。成功すれば数千人規模の食材を納める大仕事になる。隙間に入って交渉できないかと思案した。

当時はスカンジナビア船籍の豪華客船が香港―長崎航路を行き交っていた。客船の乗客のほとんどは白人。ヨーロッパ人の食の傾向がわかっていれば、取引の勝算があると見込んだ。イメックスの主力商品はテナガエビ、ラングスティーヌである。西洋料理にはもってこいの食材である。

パトリック・テリアンとパリの街角にある噴水前で記念撮影

豪華客船が入港したことを知れば、すぐに埠頭に駆けつけた。そして飛び込みで船長に面会を申し出て、食材の納品を直談判した。一九八〇年後半ごろ、オランダ海軍の駆逐艦が二、三泊の日程で親善入港した。このときも船長に食材を使わないかと直接交渉した。

日本でも有数のフランス料理店「マキシム・ド・パリ」に食材を納品している実績を伝え、西洋料理に適した新鮮な食材を手頃な値段で取引できることを強調した。すると、即答「ＯＫ」である。若い頃に就職した会社で身に付けたプレゼン力がここで生かされた。テナガエビ（ラングスティーヌ）を百五十キロ納めた。

こうして戦略を練って売り込んでいくことに自信をつけた。欧米人は組織や企業の規模じゃなくて、交渉している当事者の情熱を買う。逆に日本人は目の前の当事者ではなく、組織を評価して物を買う傾向にある。

このときケンは、銀座にマクドナルドを持ち込んだ藤田商店の創業者、藤田田《ふじたでん》氏の実話を頭に描いていた。マクドナル社のフランチャイズ権を獲得するために、ひとりで交渉し、「あなたの情熱は素晴らしい」と大手の企業を出し抜き権利を獲得したという話だ。

ケンも藤田氏に倣い、ビジネスチャンスがあれば、挑戦して掴み取ってきた。

「あの時代はいまと違って、なんでも挑戦できて許された時代だった。いまは新参者が入り込める産業は今はＩＴぐらいしかない」

パリの街角ロケ

街の表情には、その国の人々の文化の香りがする。パリはまさに、人々の生きざまや誇り高い国民性が、建物や看板、床屋の店内などに読みとれる。

M
4
SAINT-GERMAIN-DES-PRÉS
METRO

第3章 イメックス・ジャーナル発行

二十五年間で110号発行した手作り情報誌

工場で取材に応じるケン

食文化情報を発信する企業誌

一九八四年三月に創刊した「イメックス・ジャーナル」は、二十五年にわたり110号まで発行してきた、企業の情報誌である。ケンと交流のあった料理人らを取りあげ、日本だけでなく、本場フランスの名だたる料理人たちも紹介している。食文化や市場の事情なども取りあげる。

ケンは、小さな事務所に冷凍庫を置き、そこで発送の準備をして、自ら空輸会社に持ち込んでは関東や関西へと食材を送った。夕方には東京に食材を届けなければならないので、朝早くから市場に出向き、午前八時の航空便を見送った後は長崎市内の事務所へ。それから「イメックス・ジャーナル」の原稿を執筆する。毎日がその繰り返しだった。

体力と気力だけが頼みの綱だが、注文がくる嬉しさや仕事ができる喜びは何事にも代えがたく、モチベーションになった。東京の料理人たちもひと段落する夜十時ごろを見計らって電話する。食材や料理の話を聞きながら情報交換する。食材のことだけではなく、フランス料理の食の傾向や個人的な相談にまで及ぶ。

会話の中で、今日送った食材がどんな料理になって客を楽しませたかを想像することが何より楽しかった。

外国の食文化を特集した109号

IMEX Journal No. 110

Final Print

Good bye IMEX , Bye bye IMEX Journal.

1981年、Imex通信から始まり2010年迄の29年間書き続けたIMEX JOURNALも、この110号でファイナル最終と致します。同時に私も、この10月末を持ってImexを退任する事と致しました。

これまで、この記事を書くに当たり活躍する多くのシェフへの取材と写真、また素材・資源に関係する多くの方々から提供頂きました資料などによって29年間・109号まで書き続ける事が出来ました。
思い起こせば、IMEXを始めるヒント・キッカケを作ってくれたのはパリ コルドン ブルー、パトリック テリアンとの出会いがフランス料理水産素材ラングスティーヌを届ける仕事の始まりでありました。
関西は"ルレ 岡崎、レストラン ボルドー、ビストロ ヴァンサンク、コロッセオ、日調、ビストロ パリ、ビゴの店"から始まり、関東は"マキシム ド パリ、イソルデェ、ラ マレー ド 茶屋、オ ショヴァル ブロン、クィーン アリス、ヴァンセーヌ、ドゥ ロアンヌなどフランス帰りの精鋭シェフたちの多くのアドバイスを得ながらフランス料理食文化について夜を徹して話す熱い時代の時間を共に過ごしました。また、その時代、東京のフランス料理シェフ クラブ、"クラブ デ トラント"の旗揚げは日本中にフランス料理シェフ クラブが出来るキッカケにもなり、フランス料理＝ヌーベル クィジーヌの全盛時代を

最終号110号の表紙

食の楽しさに気づかせてくれたパトリック・テリアン氏との出会いがあったからこそだ。シェフたちは、どの食材を持ち合わせるかのセンスによって、その食材を美味しく、見た目に美しいフランス料理へと変えていき、その味が食べる客に喜びをもたらす。食文化の素晴らしさ、原点はいつもケンの頭の中にある。それを発信したかった。

ケンは、出張先に出かけては一日三食のフランス料理を食べあるいた。店では普段は電話でしか話せない料理人たちの顔や表情、声のトーンなども逃さず観察する。ケンにとって貴重な情報収集の機会だ。午前中に早めに東京で人に会って、そのあとは横浜の取引先で昼のフランス料理。その足で新幹線に飛び乗り

京都へ。京都では夜のフランス料理を食べてシェフと情報交換した。大阪で一泊して長崎へ帰るというハードな日々を送ることもあった。ケンは人に会う楽しさと充実感で満足していた。その一部始終を「イメックス・ジャーナル」に書く。

いまやインターネット時代を迎え、ツイッターやフェイスブックなどのSNSを通して、文字が瞬時に世界中を駆けめぐる。しかし、「イメックス・ジャーナル」創刊当時は、手書きのペラ一枚からはじまり、タイプ用紙にかわり、パソコンからのプリントアウトに変わった。企業が発行した情報誌ながら、フランス料理の魅力や料理人たちの素顔、世界の市場事情、食文化の発信などさまざまな話題を提供してきた。

ホスピタリティーは接客業の基本

「イメックス・ジャーナル」82号（一九九五年十一月二十日）のイントロダクションではホテルのホスピタリティーを取りあげている。

ある日、ケンは友人から一冊のホテルの歴史をまとめた本を渡された。そのなかで印象的だったホテル。ひとりのサービスマンが手掛けたホテル・リッツである。ホテル業界の伝説的な経営者、セザール・リッツ（一八五〇年―一九一八年）とフランス料理を体系化して完全なまでのルセットを築いたオーギュスト・エスコフィエ（一八四六年―一九三五年）が一八九八年、パリに開業した。フランス料理はエスコフィエらによって体系化され、料理の「型」が作られた。

上はオーギュスト・エスコフィエのモニュメント。左はホテル業界の伝説的経営者セザール・リッツのレリーフ

それまでのフランス料理は料理そのものより、テーブルコーディネートや食器などの装飾品にこだわっていた。そのスタイルを見直し、料理そのものの美味しさを追求し、肉や野菜の味わいを引き立てるソースの開発に力を入れたのだ。いまのコースの流れも考案し、「食」をホテル滞在の楽しみにまで押し上げた。

ホテル・リッツは芸術や文化の発信拠点でもあった。世界的デザイナーであるココ・シャネルがホテル・リッツのスイートルームを生涯生活の場として、息を引き取ったのは有名な話である。客人に寄り添うサー

ビスを提供できる、高いホスピタリティーがある。スタッフたちが居心地の良さを提供するという心意気を伝統として引き継いでいた。

　ケンはサービスについてこう述べる。（「イメックス・ジャーナル」71号）

〈守るべき最低基準として決められたものがマニュアルといわれているものであろう。なぜ最低基準かというと、サービスは付加価値行為であるから最高は決められない。それは、個人の感覚、センス、動きによって変化するものと考え、最低基準＝マニュアルと理解した方が分かりやすい。加えて、店の歴史、規模、方針、格付けによって変わるであろうし、また、重要なのは個人の性格や教養が出やすいことも、サービスを難しくさせる要因とも思える。人間が人間を楽しませようとする接客業が本当は一番難しい職業ではないだろうか。なぜならば、いろんなお客、多種多様な来店客を一律に失礼がないように接客する技はそんなに楽なことではないからだ〉

　日本人は接客が得意ではないとケンはいう。暗黙の了解が潜在的にあって、多少のことは許容される。多民族である欧米では言語が違うことに加え、明確な意思表示がないと互いに理解し合うのはむずかしい。サービスとは何かを血の中に潜在意識として持っているというのだ。

　「イメックス・ジャーナル」71号には最低基準として具体的に十カ条を挙げており、「サービスは料理同様、場合によってはそれ以上に重要である」と強調している。

〈受付接客係員の十カ条〉
1　ニコヤカな微笑の演出をする。
2　背筋を伸ばしたきれいな歩き方を心がける。
3　服装は身ぎれいで清潔に！
4　お客様の肩口からサービスをしない。
5　動線を確保できる位置に立つ。
6　ご婦人へのサービスをおこたるな！
7　慣れたお客と不慣れなお客を見抜け！
8　食に関しての情報収集を！
9　伊、仏、中、日の食べ歩きを忘れるな！
10　食の流れ、歴史を知ること。

優先順はなく、10カ条すべてが欠かすことのできないサービスの条件、最低条件であり、これにプラスαされるものが個々の特性、個性つまりセンスという言葉に集約される。

迷走した時代に「料理の鉄人」

ときに、フランス料理界を取りまく世相にも触れる。バブル崩壊後の

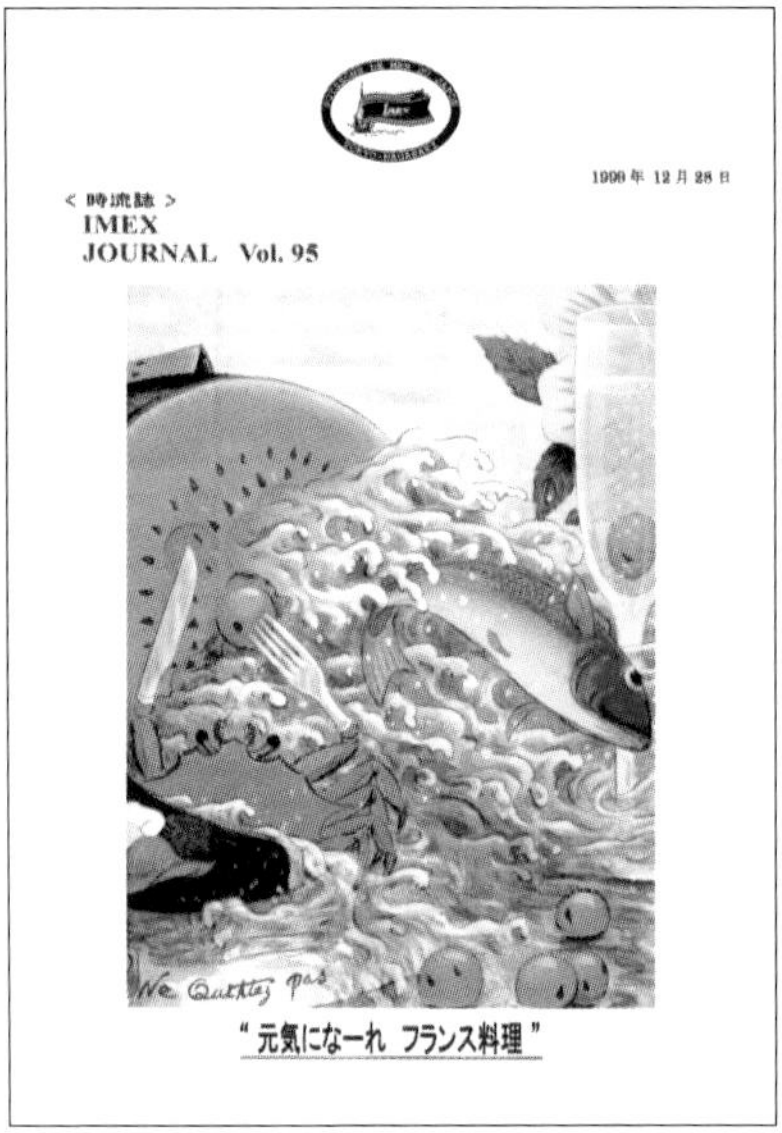

95号「“元気になーれ フランス料理”」表紙

91号「ちょっとイタリア」表紙

発行だった82号では「今考えたらクレイジーだった」と語る。

「食はフランスにあり」「パリの料亭」「知的グルメに捧げる本」など、バブル時代を賑わせた本の数々が刊行される。テレビではレストラン訪問番組が競って編成された。ワイン別料金の食事で五万円、八万円というイベントが満席となるのは日常だった。

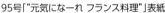

天皇陛下が下血されたというニュースが流れたころからバブルの崩壊がはじまり、「崩御」となったとき、自粛ムードが日本国中に広がった。華やかな美食レストランはそっぽを向かれ、閉める店の名を耳にするようになった。

バブル崩壊後に、「料理の鉄人」という番組が茶の間に登場。料理

2003年7月16日

IMEX JOURNAL

NO. 100

From 3. 1984. to 7. 2003. :19 Years.

思えば遠くに来たもんだ～！　まさか100号まで書こうとは続くとは思いもしなかった。
19年前の1984年3月21日にIMEX JOURNAL 第1号（当時は"IMEX通信"）とした事が止められない理由になった。今の本社（原爆平和公園のそば）を借りて人を雇い本格的に仕事をしたのも19年前である。その前は本社の近くにあった国道沿いの小さな小屋みたいな所に冷凍庫を置き、そこで発送準備をしては運送屋が取りに来てくれる訳でもなく自分で空輸会社に持ち込んでは関東・関西に発送する、その繰返しの毎日で飛行機の時間に間に合わせる為、毎日が汗だくで頼るものは自分の体力と気力。
『I Never Give Up!』で仕事がある喜び、注文を頂ける嬉しくと楽しさが同居し、夜ともなり料理を出し終わる10時頃になるとシェフに電話し材料・料理の話を聞きながら話しながら本国フランス料理の食傾向また東京・大阪の食傾向など自由ディスカッ

100号記念号の表紙

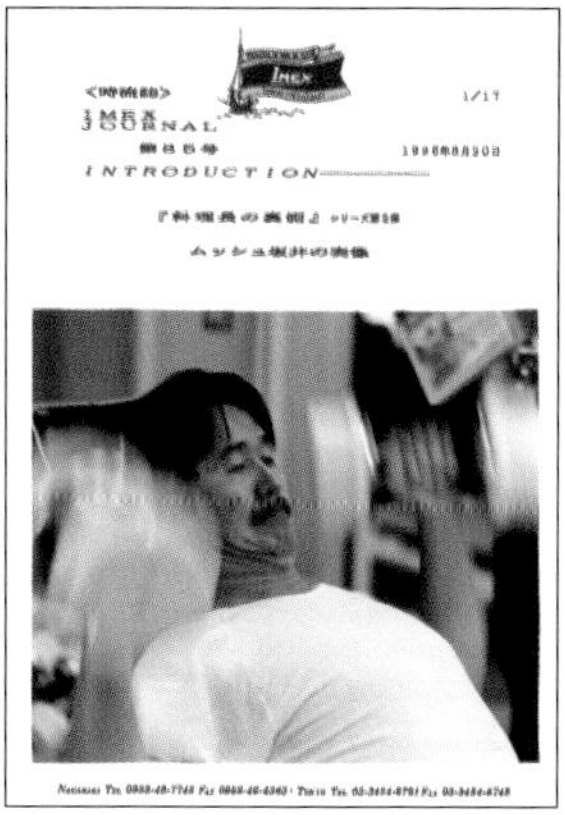
IMEX JOURNAL

1/17

INTRODUCTION

坂井宏行シェフを特集した85号表紙

1/20

IMEX JOURNAL

1997年8月20日

INTRODUCTION

クィーンアリス　石鍋 裕 料理長

石鍋裕シェフを特集した89号表紙

六十分一本勝負の構成を最初は批判的に観られていたが、そのうち番組が視聴率をあげた。知り合いの料理人たちが登場して「鉄人」に挑戦していく姿に次第に放っておけなくなってきた。料理人たちには全国各地で美食会や講演依頼が殺到し、テレビコマーシャルなどにもひっぱりだこになった。

「料理の鉄人」に端を発したひとつのブームは日本における西洋料理の新たな幕開けとなった。

世界の市場を歩くリポート

一九九五年八月にはアメリカ、ニューヨークの海の台所といわれるフルトン・マーケットを訪れたことを特集した。（81号）

ブルックリン橋のたもとにある

イメックス・ジャーナルには色あざやかに登場

おいしそうな「長崎の魚」を紹介

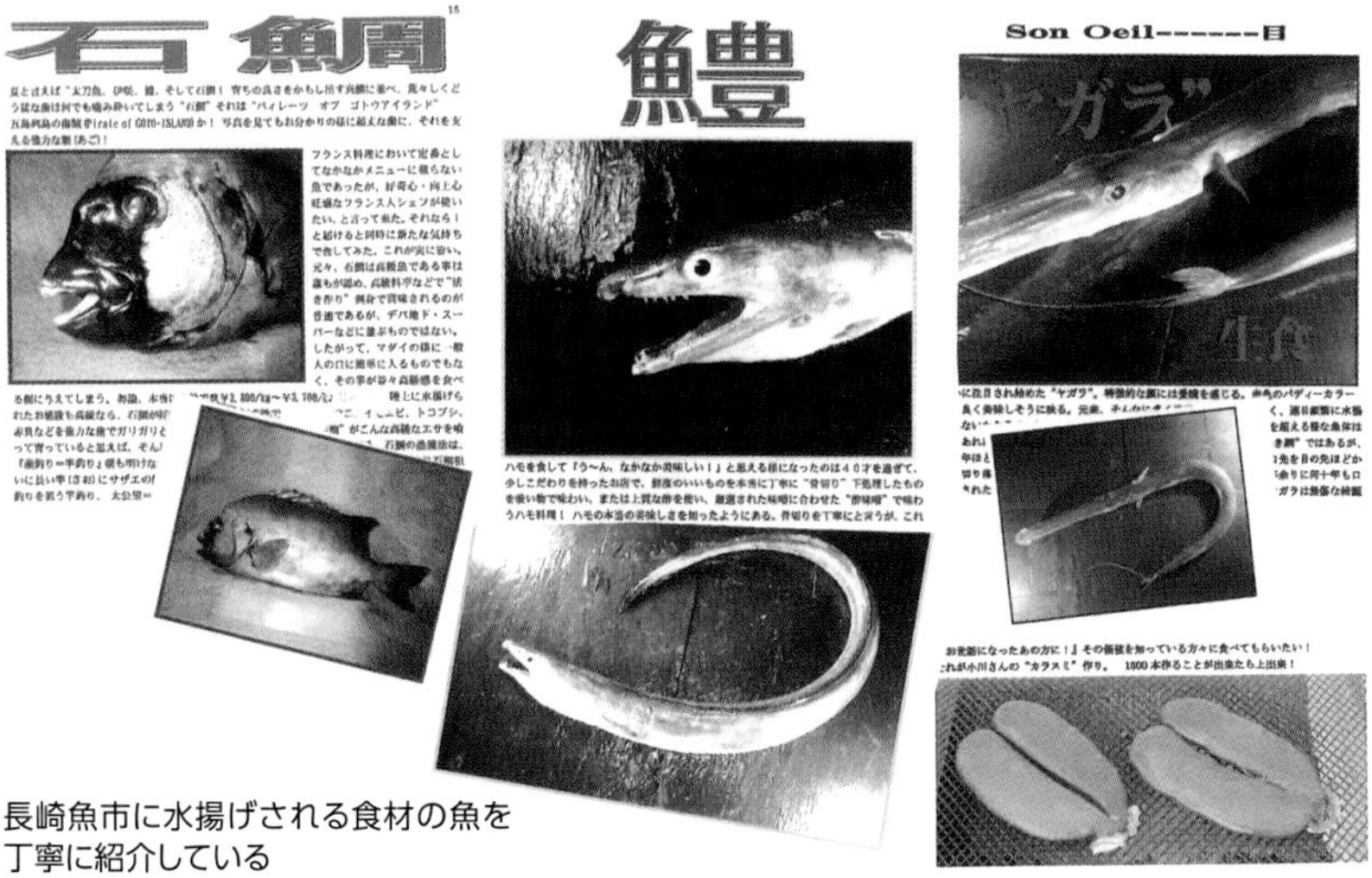

長崎魚市に水揚げされる食材の魚を
丁寧に紹介している

マーケットは毎朝五時ごろから賑やかになる。大小四十店ほどの仲卸があり、紺色のツナギを着た体格のいい男たちは肩からT型の手鍵を掛け、腰からはオノを下げて、勢いよく話していた。店頭に並べられた魚は大型の太刀魚、白甘鯛、鯛（フエフキダイのように口がとがった鯛）、ニュージャージー産のヒラメ、ヒメジ、ホタテ、サーモン、マトダイ、オマールなどが所狭しと並べられている。しかし、扱い方が荒かった。荒くれ者たちが集まる市場での放火事件のエピソードなどが紹介されている。

二〇〇二年「イメックス・ジャーナル」97号にはヨーロッパの市場事情を記す。

ストックホルム、ブリッセル、ロンドン、ローマ、パリ、マルセイユ、

「目」に注目

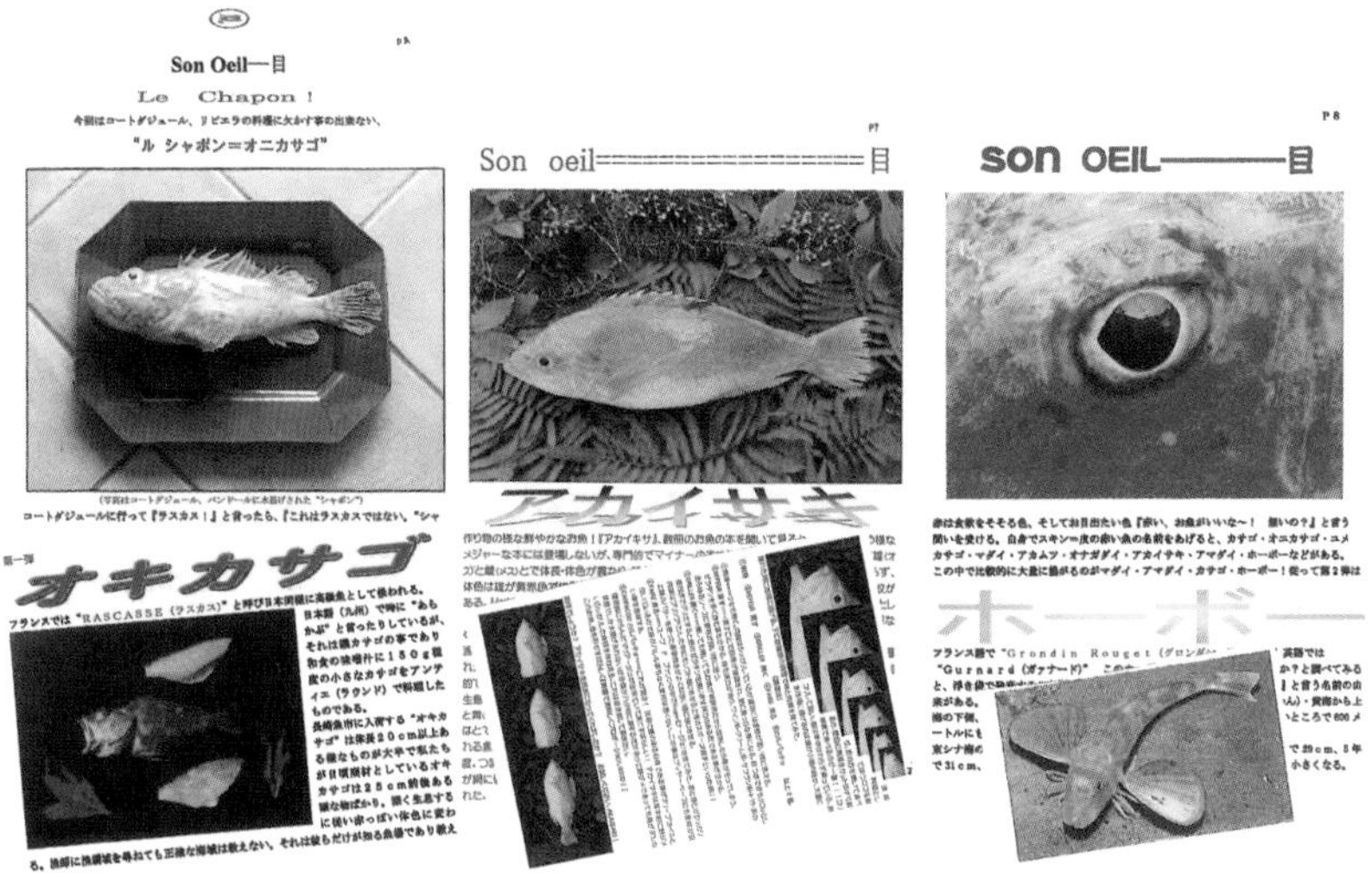

マドリードなど、ヨーロッパの主要都市どこに行っても共通して面白くて楽しく飽きない場所がある。生鮮市場がそれである。花屋、肉屋、魚屋、野菜屋、果物屋、これだけで人間の食生活が構成されている。

ヨーロッパの市場は、たとえデパートであってもスーパーでも生鮮売り場には新鮮な香り、雰囲気、健康、元気になるエッセンスに満ちている。日本ではデパート、スーパーの肉、魚すべてが切り身になってしまった。「トレイパックの刺身仕立て」である。家庭で手間をかけて調理した魚を食べてこそ、ホテルやレストランで美味しく調理された魚との違いを知る。やっぱりプロの技術は違うという「美味しさの啓蒙」が始まるとケンは述べる。

フランスの市場には物に対する表現力があり、美味しく見せる色の表現、食べたくなる食欲の表現があり、決定的には市場の楽しさの表現と発想が日本とは違う。

世界の市場を歩くとき、必ず撮影のトラブルに巻き込まれるらしい。ジャーナルにはほとんどそのトラブルが描かれている。カメラ片手に撮影していると、「許可はあるのか?」と問い詰められる場面も多かった。注意を受けるたびに、許可をもらいに市場の事務所に出かけた。ケンは一度注意されたからといってめげない。それこそがケンのビジネススタイルである。

長崎の魚を世界へ

ケンの好奇心はついに漁場にまで足を運ばせた。

「漁船に乗って東シナ海の漁場を見てみたいのですが、乗せてもらえますか?」そんな会話からだった。

以西《いせい》底引き網漁船に乗って、東シナ海の海へ。長崎港を出るときには、港の入り口にある女神神社の前で低速し、神社に向かって塩と酒をまいて安全を祈願する。長い航海に出る船の儀礼である。

季節は十月。東シナ海がもっとも穏やかな時期である。期待と不安が交錯する十日間の船生活だった。一昼夜半で東シナ海の真ん中に到達した。三百六十度見渡しても海しかなく乗船している船団だけ。そのダイナミックさと夜の星空に感動した。しかし、情緒に浸っている間は長くはなかった。

左右に船体を揺らしながら漁船は

五ノットで進む。約五百メートル離れた二隻の船がひとつの網を引く。ロープは約千五百メートルにも及ぶ。二時間ほど引いた後にウインチがゆっくりと網を引きあげる。作業風景をケンはカメラに収めながら、見よう見まねで漁を手伝った。十日間風呂に入ることもなく、作業が終わればすぐに寝るという日々を繰り返した。乗組員は約一カ月も過酷な環境で働く。ケンはわずか十日間の体験だったが、顔はすすけて、体は臭く、特に足の臭いは鼻が曲がるほどだった。しかし、食材への熱い思いがまた深くなる。

ケンは長崎の魚を東京や大阪のみならず、世界へ知らせたいという野望も持っていた。

〈料理人が進む料理の道も武道・華道と同じ料理道と考えた方が理解しやすい。エンドレスな目標の上に料理道があり、料理を作ること、調理することが目的であるが、あまりにも奥が深いことに気づき、目的の先の目標をずっと追い続けることになってしまう。職人の世界とはそういうものなのでしょう〉

ところがその食材を卸す業者は、扱う食材の最も美味しい食べ方や品質の違いなどを学ばずに売る業者が多い。ケンは「道」を追求する人たちの仕事を支える役割に誇りを持っている。漁場の現場､料理の現場を知り、探究心の火は消えることがない。

二〇二〇年、日本を離れてフランスで生活することを目論んでいる。グローバル時代だからこそできる挑戦がある。ケンの照準はそこにある。

「イメックス・ジャーナル」ベストカット

長崎発信の食文化の情報誌が110号まで発行しつづけられた意義は大きい。

〈時流誌〉 1/18

IMEX JOURNAL

第９０号 1997年12月20日

INTRODUCTION…………

★★★

“7人の侍、荒野の7人、ローマの7つの丘、7つの海

7福神、ラッキー7、そして日本のお正月は、七草粥”

『料理長の裏側』シリーズも幸運なナンバー、第7弾“7人の料理長”

をもって、終了致します。

『料理長の裏側』 シリーズ第7弾

ハウステンボス ホテルズ 上柿元 勝 総料理長

マイケル・ジャクソンと上柿元勝シェフが表紙となった90号

1985年

5/1

昭和60年6月27日

〒852 11-8 OKA-MACHI NAGASAKI-SHI. TELEPHONE-OFFICE 0958-48-7745. HOUSE 0958-44-665[illegible]

IMEX
TOKYO–NAGASAKI
POISSONS DE MER DE JAPON

5/7

CODA…………
『冷凍食材への提言』

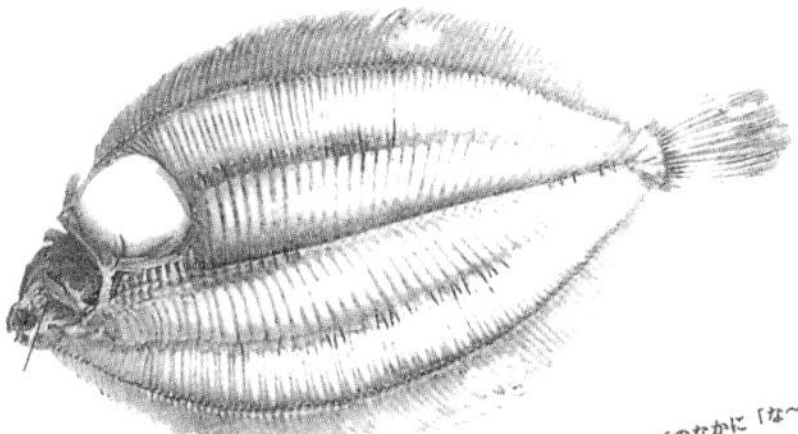

個人的ではあるが「冷凍食品」という表現は嫌いである。それはイメージのなかに「な〜んだ
冷凍食品か」とする粗悪品的先入観を持った人が多いからである。昔は確かにそうであったよ
うに思う。冷凍食品は解凍してみたら悪いものが余りにも多く、美味しくないものの代名詞が
冷凍品とされた時代もあった。今でも悪いものはまだ残っている。冷凍食材の問題点は解凍後
でなければ品質チェックが出来ないこと。ここが節目で信用できる商品か出来無い商品かの重
要なターニングポイントになっている。食材は大別してフレッシュ物とフローズン（冷凍物）
に分けられるが、冷凍物の品質は何処で決まるか？それには三つの条件が整ってこそ、信用で
きる商品が作られることになる。

（その1）フレッシュの時点で鮮度が良好なこと。
（その2）鮮度が良好の上に良く太っていること。
（その3）凍結処理が優秀であること。

これらの条件を満たした冷凍食材であればフレッシュ物に引けをとらない一級の食材といえる。
凍結物（フローズン）を使うかどうかは調理する側の判断となる。さて、これは余計なお世話
かも知れないが私自身、出張でいろんなお店をまわる時いつも疑問に思うことがある。

NAGASAKI TEL 0958-48-7745 FAX 0958-46-4363・TOKYO TEL 03-454-67

IMEX
TOKYO–NAGASAKI
POISSONS DE MER DE JAPON

6/7

それは食材（材料）の選び方で、デジォネ¥2000、¥2500、¥3000などの定食価格帯に、鮮魚フレッシュ物を使う場合の原価率を考えた際、とても高い原価率になり、これを続ければ続けも限界、赤字ではない現象が起きないかと懸念するのである。「販売士」の試験ではないが、事業とは、営利（営業利益）を目的として営まれ、継続することにある　継続は、ある程度の利益をもたらす事業でなければその力にはなり得ない。原価率は非常に重要な経営学であり、そのライン上に食材＝生鮮の鮮魚（フレッシュ）とフローズン（冷凍品）がある。今、冷凍品は格段に良くなっている。“品質一級品”の冷凍食材には何があるのか？商品単価はどう推移

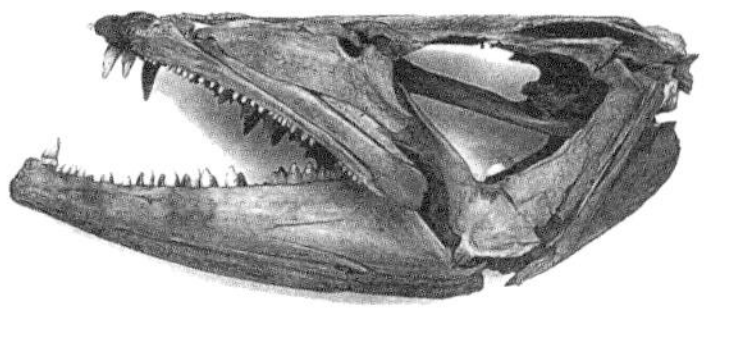

しているのか？今一度チェックし、客単価の低いデジュネ（昼食）のMENUに導入できるものはないか再認識の時代に入ったように考える。着席型の宴会料理にいたってもフレッシュへのこだわりを少し捨てて、フローズン（冷凍食材）対応に少しでも切り替えていけば、原価率は今より下がり、皆がもっと満足できる数字が得られるように思う。考えてみてください、
年間の売上高と原価率の関係（材料費率）について
（例えば1）売上100億に対しFOOD（フード）原価率30％つまり30億、この原価率が2％下がっても2億の利益を生み出す。
（例えば2）売上1億に対し33％の原価率3300万これが2％下がると3100万つまり200万の利益をもたらす。

NAGASAKI TEL 0958-48-7745 FAX 0958-46-4363・TOKYO TEL 03-454-6761 FAX 03-454-6748

p－9

食は高いから美味しいとは限らない。安くても美味しいものは沢山ある。問題は高くても
安くても何が美味しくて、何がまずいのかを言葉にすること、表現することが食文化を楽し
むコツである。好き嫌いがある人に食文化を語ってもすぐに壁にブチ当たってしまう。
食文化の域はとても広く日本人でありながら和食料亭の世界は不勉強で知らない事が多い。
先日、長崎で３６０年程の歴史を持つ“料亭花月”坂本　竜馬の刀傷、最近では、なかにし
礼著書　長崎ぶらぶら節（平成１２年　直木賞受賞）でもその舞台として書かれた“花月”
に行ってみて、庭の美しさ、古い建物であっても行き届いたメンテナンス、部屋のたたずま
い、仲居の出過ぎない行き渡ったサービスと伝わる人格。
近くに住みながら行く事もなく知らなかった恥、そして知った喜びと満足感。食文化とは
そんなものであろう。　１０２号でも“食文化”を続けます。

（ここに使用している全ての写真は渡辺の撮影によるものです。）

comment

この写真はSAINT　PIERE＝マトダイをドレスにして背びれ・尾びれ・尻びれを除去し、
レントゲンで撮影したものである。左は“生写真”　右は“化石の様に合成したもの”

第4章
美食の世界の巨人たち
ジャック・ボリー、井上旭、勝又登のカリスマ性

日本のフランス料理界をリードしてきたジャック・ボリー氏はケンをにこやかに迎えてくれた。（東京新宿「ル・サロン ジャック・ボリー」で）

仕事を超えた交流

二〇一九年六月、東京新宿の百貨店伊勢丹にあるフレンチ「ル・サロン ジャック・ボリー」で客をにこやかに出迎えるひとりのシェフの姿があった。店名の通り、日本でフランス料理をリードしてきたジャック・ボリー氏である。フランスの名だたるレストランなどでの実績があり、一九八六年に銀座のフレンチレストラン「ロオジエ」のシェフに就任。長年、資生堂パーラーのエグゼクティヴプロデューサーなども務めてきた。

この日、ボリー氏の料理のファンや長年の付き合いのある人たちを招いた食事会が催された。「久しぶり」と右手を差し出し、馬のブローチを身に着けスーツで現れた男性が握手

「ケンはサカナヤさんね」とジャック・ボリー氏は戯れ口調で親しみを込めてケンを迎える

を交わす。この人物こそ、この本の主役ケン・ワタナベである。ボリー氏は戯けた顔で「ケンはサカナヤサンね」と言いながら、旧友との再会を喜び合った。食卓でもボリー氏夫妻とゆっくりとおしゃべりを楽しみながら、コース料理を堪能した。

　ボリー氏は長崎と縁がある。ハウステンボスにも何度か訪れ、当時ハウステンボスホテルズ総料理長だった上柿元《かみかきもと》勝《まさる》氏と旧知の仲でもある。そのときにもケンが食材の調達などに奔走した。

　ケンはこうしたシェフたちとの縁を大切にして長年交流を続けてきた。シェフたちが一人前の料理人になるまでの苦労話や料理人同士の絆など数々のドラマに触れてきた。それは単なる食材を調達する業者だけでは終わらない、ケンの魅力もまた仕事を超えた付き合いに繋がった。

美食会でのシェフたちの饗宴

ケンは箱根や東京で美食会をプロデュースする実績をもっている。

東京の京橋にあるフレンチレストラン「シェ・イノ」のオーナーシェフ井上旭《いのうえのぼる》氏と、箱根の自然の中でフレンチを堪能できる「オーベルジュ・オー・ミラドー」の勝又登《かつまたのぼる》氏の二大シェフの饗宴である。ミラドーの常連客にはシェ・イノの味を、そしてシェ・イノの常連客には勝又氏の味を、同時に堪能できる貴重な食事会になった。

ケンはその企画、プロデュースに大いに関わった。一九九〇年代、ちょうどフランス料理の新しい風が日本に吹き始め、グルメや美食が取り沙汰されたころである。料理人の対決を企画するテレビ番組も現れ、マスコミがグルメや美食を大きく取りあげた時代だった。

メニューは二人のシェフが互いに相談して決める。コース全体のコンセプトを考えながら、互いの個性光る一品をオードブル、魚、肉と交互に展開していく。一人で全体のコース料理を考える普段の食卓とは違い、シェフの力量が試される。食材を熟知し、さらに自身を表現する力が問われるのだ。

食通の客人たちは品よく飾られた料理に舌鼓を打ち、和やかな歓談を繰り広げる。食事に合ったワインに舌鼓を打ち、マリアージュを楽しむ。一皿一皿のコンセプトを理解し、

（上）シャンパンタイムは野外で開放的に
（下）来客に美食会への歓迎挨拶をする井上シェフ（右端）

井上旭氏（右）と勝又登氏の美食会開始前のツーショット

シェフたちの意図を探る。食材やソースと会話し、賞賛する。

そして、シェフたちが展開する楽しいトークが花を添える。客人たちをもてなす最高のおしゃべりは、シェフたちの人間性をうかがい知る機会となる。人間性という調味料が加わって、さらに料理への理解を深めたとき、この美食会が客人たちの記憶に深く刻まれる。こうして「食」がひとつの文化として、形作られていく。

ケンはそのときのことをこう語る。

「表の華やかな雰囲気と裏腹に、キッチンには張り詰めた空気が漂うんです。ライブ（現場）のリアルさはそうそう体験できるものではないのです」

一気に多くの料理をタイミングよ

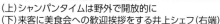

①

室内で食事会が華やかに

④

③

②

①温泉卵（井上）②ラングスティーヌ（井上）③いろいろな卵（勝又）④山シギのパテ（井上）

く提供するため、キッチンには緊張感が満ちている。スタッフたちは「あうん」の呼吸で仕上げられていく料理に集中する。これこそ、美食会のもうひとつの狙いだとケンはいう。一流の料理人の仕事を間近で見せて、若い料理人たちを育てること。料理人はシェフたちのお抱えのスタッフではない。シェフたちの指示を直接受けて、食材の切り方や火の入れ方、料理の盛り付けなどを体験できる貴重な機会にもなるのだ。

　ケンは井上氏に長崎に来てもらったことがあった。若手料理人たちの育成をメインにして刺激を与えた。

　ケンは単なる食材を提供する業者というだけでない。多くのシェフたちと交流を持ち、料理人としての考え方や料理哲学を知る中で、シェフた

⑤オードブル（勝又）⑥ソールのプレゼ（井上）⑦ヒラメとオマール（勝又）⑧真鴨のロースト（井上）

ちの人間性に魅了されてきたという。

どうしてこんなに料理人たちの信頼を得て、プロデュースまでできたのだろうか。そこにはフランス料理への愛情があるからということのようである。

ヌーベル・クイジーヌ支えたシェフたち

ケンと交流のある一流シェフたちは街場に店を構え、三十年以上も続けている名店が多い。ケンはいう。

「街場で長くやってきたシェフたちはそれぞれに色を持っています。色を持っていないと次第に消えていく。その色を好んだ客がずっと足を運んでくれるんです」

料理長のことを「コック長」と呼んでいた時代があった。ケンは「コッ

⑨鹿背肉(勝又)

ク長」に違和感を覚えた。なぜなら、フランス料理はオムレツやコロッケなどの洋食とは違う。

フランス料理の起源は、宮廷料理から派生したものである。フランス革命後、宮廷に務めていた料理人たちは職を失い、街場で店を開くことになった。それが今につながるフレンチの源流だとケンはいう。そして、フランスの料理人は常に新しいものを模索し、文化を追求して高い誇りをもつようになってきた。それがフレンチの料理哲学を生み出したのだ。

「アヴァンギャルド」とは時代の先端という意味である。ケンが経営していた会社が料理人たちへ発行してきた「イメックス・ジャーナル」の中で、料理の哲学を紹介している。

⑩チーズ盛り合わせ ⑪デザート（勝又）⑫デザート（井上）⑬プチフィール（井上）

●料理の哲学
エスコフィエとアヴァンギャルド

（1996年5月20日刊「イメックス・ジャーナル」84号）

どんな職域においても「アヴァンギャルド」は必ずある。時代を先取りし、常に新鮮な感覚や情報、さらには物を届けメッセージを送り続けられる「アヴァンギャルド」は誰にでもできるものではなく、限られた人間の才能・才覚によってもたらされるもので、形、色、バランス、表現、組み立て、時代性など多くの複合条件をピタッと一致させ、世の中に伝えることのできる人のことであろう。つまり五感（視覚、聴覚、嗅覚、味覚、触覚）に加え、第六感（時代背景、タイミング、独自の感覚＝直感）を持ち合わせた人間のなせる技であろう。

私は、この「アヴァンギャルド」な生き方のできる人間にとても好意・好感を持ち、できれば近づいてどんな感覚・感性の人間なのか知りたい、興味・願望がある。また、そのような人間の爪の垢ぐらいは感じる生き方をしたいと思っている。

二十代の時は大勢についていけず、身勝手な未成熟な大人であった。三十代は少し世の中が見え、仕組みについても、その責任においても少しは受けてたてるような気構え、意識になった。四十代になり、時間の早さを感じ、一年がまた誕生日があまりに早くやってくることに驚きを感じている。

二十歳から二十年がたち、二回目の成人、厄年の頃になると、いろんな経験も踏み、少しは度胸もつき、自分の生き方がより鮮明に確立されていくように思う。

「アヴァンギャルド」は水産・畜産・野菜などを取り扱う企業には見当たらない。それは企業ではなく、個人から発せられる光であり、その後ろに企業があると考えた方がピタッと理解できる。今、日本のフランス料理は本国フランスより活力・勢いがある。フランスはストライキばかりして経済活力が弱く、不況は外食にも影響を与えている。

日本はそうではない、完全な「アヴァンギャルド」の出現がある。フランス料理のみならず、リストランテつまりイタリア料理界にもそのような感覚を持った料理長が光を放ち始めているようにもある。

基本を「エスコフィエ」し、時代

井上旭氏（右）と勝又登氏は美食会をたびたび共同開催している仲。親しさが伝わるツーショット

に「アヴァンギャルド」する。それは素晴らしい自分と時間を迎えられそうな気がする。職域を越えてみんなで「アヴァンギャルド」。

フランス料理を完成させたオーギュスト・エスコフィエを原点として、「ソースが命」とされるフランス料理を基本としつつも、時代に合った新しい料理の模索こそ、ヌーベル・クイジーヌである。常に新たな展開を迎えている。

常に新しいものを求める姿勢をケンは好む。そういう人たちを捉えて追いかけている。フランス料理界にはそういうシェフたちが大勢いる。ケンが尊敬してやまない、街場で四十年近く経営しているオーナーシェフたちを次の章で紹介する。

美食会での2人のカリスマ

井上旭氏と勝又登氏は黎明期のシェフたちをリードしてきたカリスマシェフといえる。とりわけ仲むつまじい2人の交流ショットを。

箱根の勝又氏の店で美食会が開催されたときの開会の乾杯

厨房での二人は和気あいあいで談笑する

額装された名画の前でツーショット

厨房での二人は後輩の動きにも厳しい視線をそそぐ

第二部

フレンチ黎明期のシェフたち

①シェ・イノ　井上 旭・2代目 古賀純二

②ラ・ロシェル　坂井宏行

③オーベルジュ オー・ミラドー　勝又 登

④ボルドー　大溝隆夫・隆智

⑤ラ・ブランシェ　田代和久

⑥ル・ジャルダン・デ・サブール　中澤敬二

⑦ヌキテパ　田辺年男

⑧ギンザ・トトキ　十時 亨

⑨エディション・コウジ・シモムラ　下村浩司

シェ・イノ

井上　旭

〒104-0031　東京都中央区京橋 2-4-16　明治製菓本社 1 階
TEL03-3274-2020

井上旭シェフは笑みをうかべて

最高のもてなし 男気あふれるシェフ

財界人や政治家、文化人など幅広い客が訪れる名店「シェ・イノ」は東京・京橋にある。店に入ると、バーカウンターを通り、木造りの重厚感溢れるクラシカルな空間が広がる。どこか懐かしさも併せもつ。

オーナーシェフはフレンチ界の重鎮、井上旭氏。言葉少なだが、眼の奥に職人気質の光がある。顧客のテーブルを回りながら、客人たちの話に耳を傾け、時にズバッとひとこと。そして笑いが起きる。

店の雰囲気は温かい。店のスタッフにも客を第一に考える精神がしっかりと行き渡って、もてなしを受け

ケン(左)と出会った頃の若いふたり

「仔羊のパイの包み焼き　マリア・カラス」はオペラ歌手マリア・カラスに因む自慢の一皿

る客に最高の時間と居場所を提供する。フランス料理の本流にこだわり、四十年以上も常連客に愛されつづけてきた。

「仔羊のパイの包み焼き　マリアカラス」はシェ・イノを代表するメインの一皿、スペシャリテである。ラム肉にフォアグラを入れ、パイで包み、クラシカルなペリグーソースで仕上げている。

井上氏が修業していたパリの有名店「マキシム・ド・パリ」でのエピソードに由来する。マキシムの常連だったオペラ歌手マリア・カラスが、「仔牛のパイ包み」を仔羊に変えて注文した際、井上氏が応じた。もちろん、マリア・カラスがその出来栄えに満足したのはいうまでもない。

当時の日本のフランス料理界で仔

羊肉を使うことはほとんどなかった。羊肉を使った料理といえば、成長した羊の肉、マトンを使ったジンギスカンぐらいだった。井上氏は帰国後、本場フランスの味を知る客人からの声に耳を傾け、羊肉をおいしく食べてもらえるメニューを考え出したのだった。

この料理は良質の仔羊肉を手に入れることに加え、ソースが命である。井上氏がリヨンの名店「トロワグロ」で修得したペリグーソースをもっとも得意とした。トリュフとマデラ酒、そして赤ワインなどで仕立てた濃厚なソースが絶妙な火加減の仔羊肉を引き立てる。日本人にも本場の味を楽しんでもらう、その一心で完成させた。銀座のフランス料理店レカンで、シェフを務めたときにこの料理を出し、評判を呼んだ。シェ・イノを開店させて独立後にも、井上氏のスペシャリテとなった。

肉厚で大きな魚肉の入手で苦心

日本とフランスで手に入る食材の違いは、本場フランス料理の再現を難しくした。日本で獲れる舌平目は、大西洋で獲れる大きさよりもはるかに小さい。肉厚で大きな魚肉を入手することは当時の日本で簡単ではなかった。そうした食材の違いをどうフランス料理という土台に落とし込んでいくのか、料理の基本を崩さずに伝えていくのか、井上氏は力を注いだ。

そんな井上氏とケンとの出会いは三十五年以上前になる。

前章で紹介した「美食会」では箱

東京・京橋にある「シェ・イノ」の店の外観は重厚感あふれる

「シェ・イノ」の店内も安心感をおぼえる落ち着いた店構え

シャラン産鴨の胸肉ロースト、ダークチェリーソース

花ズッキーニ、帆立のムース詰め

リード・ヴォーのパネ

蕪で覆ったオマール海老とトマトの取り合わせ

根「オー・ミラドー」の勝又登シェフとの競演で、フレンチ・シェフの重鎮としての貫禄に参加者は酔いしれた。勝又氏と井上氏の親しさをケンは何度も同席して実感している。

厨房からふらっと現れるケン

ケンは長崎で水揚げされる魚介類を店に届けた。厨房をそっとのぞいてはそのニーズを探り出した。ケンは食材を卸した店で必ず食事をするようにしている。それはシェフが何を大切にして、どんな哲学を持っているのか、を知るためである。

井上シェフは一九六〇年代、就労ビザも簡単に取得できるはずがなく、密入国同然でフランスに入り、マキシム・ド・パリやトロワグロなどの名だたる店で、厳しい一流シェ

厨房での井上シェフ(右)と2代目古賀シェフ

フたちに料理哲学をたたき込まれた。こうした料理人の苦労を理解し支えるのが、ケンは自身の役割だと心得ている。

「シェ・イノ」の厨房を任せられている古賀純二氏はケンのことを「いつもふらっと厨房の裏口から顔を出してますね」という。その気さくさがスタッフたちとの距離を縮め、信頼関係を築いてきた。古賀氏は井上氏の右腕としてシェ・イノの味をそのまま引き継ぐ。個性あふれるフロアサービスのメンバーも時に客の話相手になり、会話の中から好みや要望をしっかりと把握する。

オーナーシェフの心意気と筋の通ったスタイルに惚れ込み、集まったメンバーは井上氏を中心とした家族のようである。ケンも井上氏を「親父」と呼び、絶大な信頼を寄せる。まさに店の名「シェ・イノ」(井上の家)のままである。

コース料理の最後はデザートワゴン。五、六種類のケーキやムースなどをワゴンで提供する。客の前でクレープを焼くサービスもある。クラシカルなフレンチのスタイルでもてなされたことを客人たちは改めて実感し、心地の良い食卓の時間を記憶に刻む。

「シェ・イノ」正面玄関

古賀純二シェフは貫禄がついてきた

シェ・イノ　二代目

古賀　純二

2020年5月にシェ・イノの社長に就任

古賀シェフは佐賀県武雄市出身

活火山のような「マグマな男・井上旭」の下で働きたいと、九州からひとりの男が当時の「ロアンヌ」（井上氏経営）にやってきた。「イノイズム」を徹底的に修得したいと燃える若き、古賀純二氏である。

この青年が「シェ・イノ」の二代目になるとは、本人もおろか周りも想像できなかっただろう。「料理人になりたい」と修行始めても数カ月、数年で脱落していく料理人の卵は八〇《パーセント》に上る。古賀氏は物静かで温厚でありながら、料理センスの良さを兼ね備え、素直に料理の世界と向き合ってきた。長年にわたり、井上氏の側で「シェ・イノ」を支えてきた、一番弟子と呼ばれる存在となった。

古賀氏は佐賀県武雄《たけお》市出身、温泉のある町で育った。「タヌキが出る」ような自然あふれる故郷である。実家は惣菜販売店を営み、週末や休日には結婚式などの宴会料理を作っていた。幼いころから、両親が調理場で料理をする傍らで食事していた。子どもながらに料理を作ることもあり、両親は美味しいと褒めてくれた。

中学二年生のころ、祖父の兄弟が東京で製本業を営んでいて、送ってくれた本の中に「マキシム・ド・パリの家庭料理」があった。その本を開いて初めてフランス料理と出会った。デザートまですべてが収録され、料理の美しさに心を奪われた。

花ズッキーニ・ラングスティーヌ

「上京したい一心」で調理師学校へ

当時、テレビドラマ「天皇の料理番」を見て、フランス料理の道に進もうと決めた。両親は反対しなかったが、親戚は口をそろえて普通高校、大学に進学することを薦めた。中学の卒業文集に「伊万里《いまり》商業（甲子園出場校）に行き、中村調理師学校に入って東京に出て、フランス料理店に入り、二十二歳で自分の店を持つ」と書いた。

調理師免許を取るために福岡県の中村調理師学校に通い始めた。フランス料理や中華料理などの専攻がなかったが、授業は楽しく、「どうやったら東京に行けるか」と考えていた。新幹線に食堂車があることを知り、研修生になることを思い立った。友達の親に頼みこんで、食堂車に潜りこむことができた。

　東京に着くと、品川の宿舎に泊まり、翌朝には福岡に移動する、そんな生活が続いた。車窓から銀座を眺め、憧れは募った。学校に戻ると、校長先生に「日本一のフランス料理店に行きたいです。紹介してください」と直談判。校長は「京橋にロアンヌというレストランがありますが、君に勤まるかな」と懐疑的だった。校長の口利きもあってロアンヌで研修生として働く道が拓けた。そこで井上旭シェフと初めて会った。

研修時代には「辞めたい」ときも

　一九八三年の暮れ、ロアンヌに入り、一週間の研修が始まると、早速シェフの洗礼を受けた。蹴りや拳が飛んでくるはで、想像を絶した。しかも料理は見せてもらえない。キッチンに入ると、「出てけ！」と怒鳴られ、勝手口からキッチンの様子を覗き、料理を見ていた。井上シェフが外出する間に鍋磨きをしていた。

　一週間の研修を終え、福岡に戻った。しばらく時間が経ってから、突然ロアンヌから電話が入った。「三月からシェ・イノがオープンするから卒業したらすぐに来い」。思わず「はい」と返事した。

　一九八四年三月十九日、「シェ・イノ」に到着するやいなや、「早く着替えてこい」と言われ、一着だけハンガーにかかった白衣を見つけ、袖を通した。着替えてキッチンに駆けつけると、その瞬間「何着てんだ！こいつ俺のコート着てるぜ」。これがシェ・イノでの仕事始めのエピ

古賀シェフがケンさんに出会ってもう34年も過ぎた

ソードである。

井上シェフはいつも一〇〇%の料理を求める。集中して料理を作っていても「すきあり」といわれた。入社して二、三年は辞めようと思うことが何度もあった。朝は七時半から最終電車までノンストップで働き、三人いた新人のうち二人が抜け、また新人が入っても長続きせずにいなくなる。

辛いときには、調理学校で言われた「厳しさに打ち勝つには、何をしにきたのか、最初の気持ちを思い出すこと。最初の夢を持ち続けること。このことを思えば乗り越えられる」という言葉を思い出した。

井上シェフの横で身近に仕事ができるようになったとき、シェフの料理に向かうエネルギーとパワーに圧倒された。そのパワーにしがみつくことで精いっぱいだった。

古賀とケンの出会いは劇的

ケンとの出会いは一九八六年、古賀氏が二十一歳のころだった。長崎で「プロのための料理講習会」が開かれた。古賀氏は井上シェフのアシスタントとして長崎入りした。このとき、井上シェフの到着が遅れ、古賀氏はその時間を埋めるため、即興でデザートを作り、スワンを描いた。しかも解説スピーチつきで、臨機応変に切り抜けた。ケンはそのときの対応を鮮明に覚えていて「純ちゃん」

シェ・イノの支配人（右）と古賀シェフにはさまれたケン

のファンになった。

　この夜にホテルで開催された美食会にもケンは関わった。百名ほどのゲストを迎え、長崎の各ホテルのシェフたちの応援もあって大成功を収めた。打ち上げの席に井上シェフの好みのワインがなく、ケンは慌てて酒屋に走った。買ってきたワインは「シャトーラトゥール」。井上シェフの好みだった。「ナベちゃん、あんた何で俺の好きなワイン知ってるの？」とうまそうに飲んでくれた。ケンはその様子を見て嬉しくなった。

　古賀氏にとってフランス料理は作っていて楽しく、未知の世界が際限なくつづく。フランスと日本のフランス料理は「香り」が違うと感じている。フランスで味わったフォアグラは何もしなくても美味しさを感じる。そこの空気の中で食べるのが最も美味しさを増す。

　そして井上シェフの味。ロアンヌでの研修の時になめたソースは強烈に印象に残った。そのとき、井上シェフからこう言われた。

「料理に対して本当にバカになれ。計算ではなく感覚、感性を感じ取って習得するもの。料理は書いて覚えるものではない」と。

　古賀氏はいまでもルセットは一枚も持っていない。料理教室を開催するときには簡単に書くが、それ以外は書き残すことはない。井上シェフから学んだ重い財産だ。

　いま、井上シェフの継承者として、自身の感性にも磨きをかけたいと思っている。

ラ・ロシェル

坂井　宏行

〒107-0062　東京都港区南青山3-14-23
TEL03-3478-5645

笑顔の坂井宏行シェフ

外国航路客船のコックで外国渡航

もう昔語りになってきたが、「料理の鉄人」のひとりで柔和なシェフ坂井宏行氏が一躍スターになったことはご記憶の方が多かろう。いまは「ラ・ロシェル」というフレンチのオーナーシェフ。その人生が凄まじい。

ケンに語る坂井氏の波乱万丈を聞こう。

母親が和裁をやっていたこともあって「手に職を持て」といつもいわれていた。中学時代を過ごした鹿児島では、家族のために料理を作っていた。日常から親しんでいた料理作りへの敷居は高くはなかった。

フランス料理を選んだのは、中華帽でも和食帽ではなく、あのトックブランシュとコックコートに憧れたからだった。目指すは外国航路の旅客船のコック。世界の海を股にかけ、寄港してはその土地の名物料理に出会い、世界中の女性たちとグラスを傾ける、そんな夢を持っていた。

「トックブランシュとコックコート」が物事を始めるための「形」だとしたら、「形」から入ることは大切だと考える。ゴルフを始めるにはゴルフウエアとクラブ、野球を始めるならユニフォーム、グローブ、バッ

ケン(左)とはもう40年来の交流となる坂井シェフ

トが必要なのと同じである。自分を高揚させながら、物事を習得していくのが「坂井流」だ。

修行時代、親方の靴磨き、親方の朝飯作り、みんなの配膳、これらの仕事が料理の道への始まりだった。中でもいちばん辛かったことは親方の靴磨きだった。「どうしてこんなことをしなきゃいけないんだ」と毎日、自問自答していた。世間は十六歳で給料六千円の時代だった。畳たった二枚の部屋に住み、寝るだけの部屋だった。

まさに、ピカソ流にいうと「黒の時代」である。

道具も自分も大切にするのが料理人

そのときに購入したナイフ(包丁)は今も宝として大切に持っている。

地卵の生うに詰めロシェールスタイル。坂井シェフオリジナル

坂井シェフの調理に熱がこもる

ラングスティーヌのクルージェット包み。フォアグラの洋梨仕立て

買った当時三十センチほどあった刃も、いまは十センチほどに減っている。道具は自分の生きる道であり、道具を大切にできなければ料理人である自分を大切にしていないことになるのと同じだと考えている。今でも厨房がクリーンでドライであることもまた、しっかりと守っている。ストーブの周りが油でベトついていたり、足回りがベタベタしたりした

厨房で、料理だけうまければ良いということはあってはならないという信念があるからだ。

　料理界に入ってくる新人に昔の苦労話をしても「なんでこんなことやってたんですか」と理解してもらえないことがある。専門学校卒業から新人を即戦力として使わないとキッチンが回らないため、入社してすぐに技術を教える。昔は教えてもらえずに技術は盗むものだった。

　坂井氏はホテルに入社し、ゴルフ場のレストランに回された二日目の出来事は忘れることができない。肉挽き機（ミートチョッパー）に指を入れ、危うく指を切断しそうになった。今でも傷が残り、変形している。当時のキッチンは石炭ストーブ。前日に使用した石炭を部屋に入れて湿気を取っておかなければ翌朝、火がつかないこともしばしばあった。

　ストーブの歴史を見ても、石炭ストーブ、石油ストーブ、重油ストーブ、ガスストーブ、電気ストーブ・ＩＨストーブと五世代にわたって経験してきた。五十年以上も料理の熱球を投げ続けている。

料理の腕同様に人間的魅力を磨け

「料理を作ることにより、自分が生かされ、磨かれていく、そんなエンドレスな仕事に飽きることはないよ」とケンに話したという。ケンはそのときの坂井氏の目の輝きと言葉の力強さはしっかりと覚えている。迫力と緊張感までも伝わってきた。

　美味しい料理を作り続けられる料理人であるためには作ることが好き

盛り付けする厨房の坂井シェフ

で、楽しめる自分であること。新人に対して厨房でプレッシャーを与えて仕事をさせる時代は終わったと感じている。リラックスして仕事をし、各々の特性を引き出すことを大切にしていきたいと思っている。

「料理人は人間性を兼ね備えることを軽視してはならない。いくら腕が良くて、いくら料理がよかったとしても、人間的魅力を持ち合わせていなければ、その料理や料理人に人は寄ってこない」

いつも心の中に留め置いている。

西麻布のジョンカナヤで仕事をしていたときのこと。オーナーシェフの金谷鮮治氏から「フランスに行ってこい」と言われて、フランスを巡った。その道中「ラ・ロシェル」に立ち寄った。港を歩き、テラスに座って街を眺めた。そんな豊かな時間を過ごしたラ・ロシェルの心地よさが忘れられなかった。店を持つときの店名は「ラ・ロシェル」にしようと決めていた。

坂井氏は現在、「ラ・ロシェル」三店舗を展開する。南青山店、山王店、福岡店である。各店で腕をふるい、国内各地の美食会イベントでも活躍している。

オーベルジュ・オー・ミラドー

勝又　登

〒250-0522　神奈川県足柄下郡箱根町元箱根159-15
TEL0460-84-7229

盛りつけに集中する勝又登シェフ

箱根で新スタイルを追求した事業欲

箱根の芦ノ湖を望む地に「オーベルジュ・オー・ミラドー」がある。オーベルジュとは、郊外や地方の宿泊施設を備えたレストランのこと。ミラドーは見晴らし台のことで、芦ノ湖を見晴らす絶景はブルターニュ地方を思わせる。勝又登氏がオーナーシェフである。

一九八六年に勝又氏が「オー・ミラドー」を箱根にオープンしたときの逸話は語り草。フレンチのシェフたちとその仲間数十人が貸し切りバスで箱根までお祝いに駆けつけた。勝又氏は、井上旭氏同様、挑戦的にフランス料理の新風を吹かせてきた。勝又氏の人望の厚さがわかるエピソードである。

勝又氏はフランスから帰ってきた一九七三年、西麻布にカジュアルなフランス料理店、ビストロをオープンした。二十七歳のときだった。「ビストロ・ド・ラ・シテ」。

いまではビストロを名乗る店は増えているが、当時は勝又氏が初めてだった。西麻布には、大使館員や外資系企業に勤める外国人が多く住んでいた。

「日本人がご飯をおみおつけで食べるように、フランス人は肉をワイ

オーベルジュ・オー・ミラドーの玄関は高級リゾートを思わせる

庭で旧交を温めるケン

ンと一緒に食べる。ワインが食卓に並ぶのは普通のこと」
と勝又氏はいう。ビストロは成功した。
勝又氏は、あくなき事業欲でつぎつぎに新風を吹かせる店を展開していく。一九七六年には青山に「ル・プアゾン・ルージュ（赤い魚）」を開店、二年後の一九七八年には六本木に「オー・シー・ザーブル（六本の木）」を三店目としてオープンする。しかし、これらの店を売却して箱根

(上)勝又シェフの主菜
(左上2カット)前菜が2点
(左下)メインディッシュ

に「オー・ミラドー」をオープンしたのだった。

「目まぐるしく変わり、気の抜けない東京では、これから先何十年もレストランを続けるのはむずかしい。であれば、東京を離れた場所で自分を試そう」

という思いで箱根の開業を決断。遠路にもかかわらず、勝又氏の人気は千客万来で大成功を収める。

一九九七年には結婚式と宿泊のできる「パヴィヨン・ミラドー」を、二〇〇四年には温泉を備えたホテル「コロニアル・ミラドー」を展開する。「なにがあろうと終始一貫した信念を貫く。だれもやっていないことに挑戦することは不安の壁をブチ壊すだけの大きなエネルギーと情熱が必要です」と勝又氏は語る。

ケンを長崎に訪ねた勝又氏

ケンと出会ったのは、ビストロをオープンさせて間もなくだった。大きな冷凍パックを抱え、手長海老（ラングスティーヌ）を持って突然店に現れた。「とりあえず食材を使ってください」と食材と名刺を置いて去っていった。ジーンズ姿のラフなケンの格好で、型破りな営業スタイルに

勝又氏は驚いた。以来、不思議と意気投合し、プライベートでも付き合いが始まった。

　長崎を訪れた際には漁港近くにあった寿司屋でワインを飲んだこともあった。ケンが開いたギャルソン・ケンでも厨房に立ってくれた。気のおけない関係はいまも続いている。

　勝又氏の実家は静岡県富士市で牧場を営み、父が料理好きだった。その父のすすめで料理の道に入った。二十三歳まで東京のホテル＆レストランで働き、一九七〇年二十四歳でパリに渡り、三年後に帰国した。

　勝又氏はフランスの地方にあるオーベルジュというスタイルでのフランス料理の提供をずっと心に温めてきた。郊外や地方の宿泊できるレストランのスタイル、オーベルジュは、若き日のフランス滞在の旅の体験で出会った。こう回顧する。

「私が若いころは、庶民的な料理であるラタトゥイユとはいかなる料理であるのかがわからない時代だった。それを知りたくてフランスに渡ったのだが、ある店で料理の仕上げにパセリをその場でちぎってじかにのせているのを見た。私はそれを見てずいぶん荒い仕事だと思った。私の経験ではパセリは細かく刻んで水にさらして青のりみたいに使うものだったから。だが私が〈荒い仕事〉と思ったのは間違いだった。そのパセリは私のパセリの認識を大きく離れた、実に香りの良いパセリだったのだ」

　自然の中に囲まれた中でゆったりとした時間の流れで、地元の海の幸、

勝又シェフは食材の生産者ともていねいに交流する。ニワトリ（左）と魚の生産者と

山の幸をフランス料理として提供する、そんな夢を思い描いた。

　フランスのオーベルジュの歴史はミシュラン・ガイドのコンセプトにもあるように、一九〇〇年のパリ万博以降に自動車が普及するようになった歴史と関係が深い。一九二六年に料理を提供するホテルを星で格付けを始めると、オーベルジュもその対象となって注目されるようになった。

　フランスの食文化に「キュイジーヌ・テロワール」という考えがある。もともとはワインの生育環境に由来した言葉で、その土地の食材を使った料理を、その土地で食べるというもの。勝又氏は地方でしか味わえないフランス料理を追求するようになった。地元の農園を訪ねては生産

農事功労章表彰ではシルバー賞が贈られた

勝又シェフの二代目は息子さん（右）

者が大切に育てた野菜を求め、漁港を訪ねては獲れたての新鮮な魚介類を選んだ。そして箱根の地にたどりついた。

勝又シェフはケンを「自分と似ている」と話す。生き方そのものに共感することが多かった。組織に属さず、心の赴くままに自由にやりたいことを目指していくという価値観は一緒だった。「私たちは坂道を上る車のよう。歩みを止めたら後退する

ゆったりした表情には自信があふれている

だけだ。常に前進する努力を怠ってはいけない」という。時流を読み、常に新しいものへと挑戦し続けていく。ケンもまたそんな姿勢が勝又氏の魅力なのだ、とも。
フランス料理をベースに勝又氏独自の日本人としての感性が光る料理を称賛するケンは「アーティスト」と表現する。勝又氏は料理だけでなく、絵画なども描き、幅広い表現者としての才に富む。飽くなき探究心が二人の友情の絆を強くする。

《勝又登氏の受賞歴》
・二〇〇七年　日本オーベルジュ協会理事長就任
・二〇一二年　農水省　料理マスターズ　ブロンズ賞受賞
・二〇一七年　農水省　料理マスターズ　シルバー賞受賞

ボルドー

大溝　隆夫・隆智

〒603-8463　京都市北区大宮玄琢南町 35-5
TEL075-491-4743

大溝隆夫（右）、隆智（左）親子

隆智シェフは父の背中を見て育つ

一九七八年、京都金閣寺近くの緩やかな丘陵地に「レストラン・ボルドー」が誕生した。大溝隆夫氏がパトロンシェフを務める。息子隆智《たかのり》はまだ七歳だった。

隆智氏は、父親の背中を見て料理の匂い、味を感じながら育ち、ごく自然に調理師学校の門を叩いた。京都の調理師学校に一年通い、卒業後は東京有楽町の「アピシウス」で二年半修業した。

ピエール・テタンジェ料理コンクールで優勝した堀田大氏の紹介で、フランス「シャポン・ファン」のシェフ、ブルーノ・マラング氏の下で研鑽を積むために一九九三年に渡仏。フランスでの修行時代は基本から食材の使い方を学んだ。一九九八年に帰国して、レストラン・ボルドーの二代目としてキッチンに入った。

東京時代は一生懸命だったが、渡仏すると、「こういう使い方もできる」「こうやって食べる」というこ

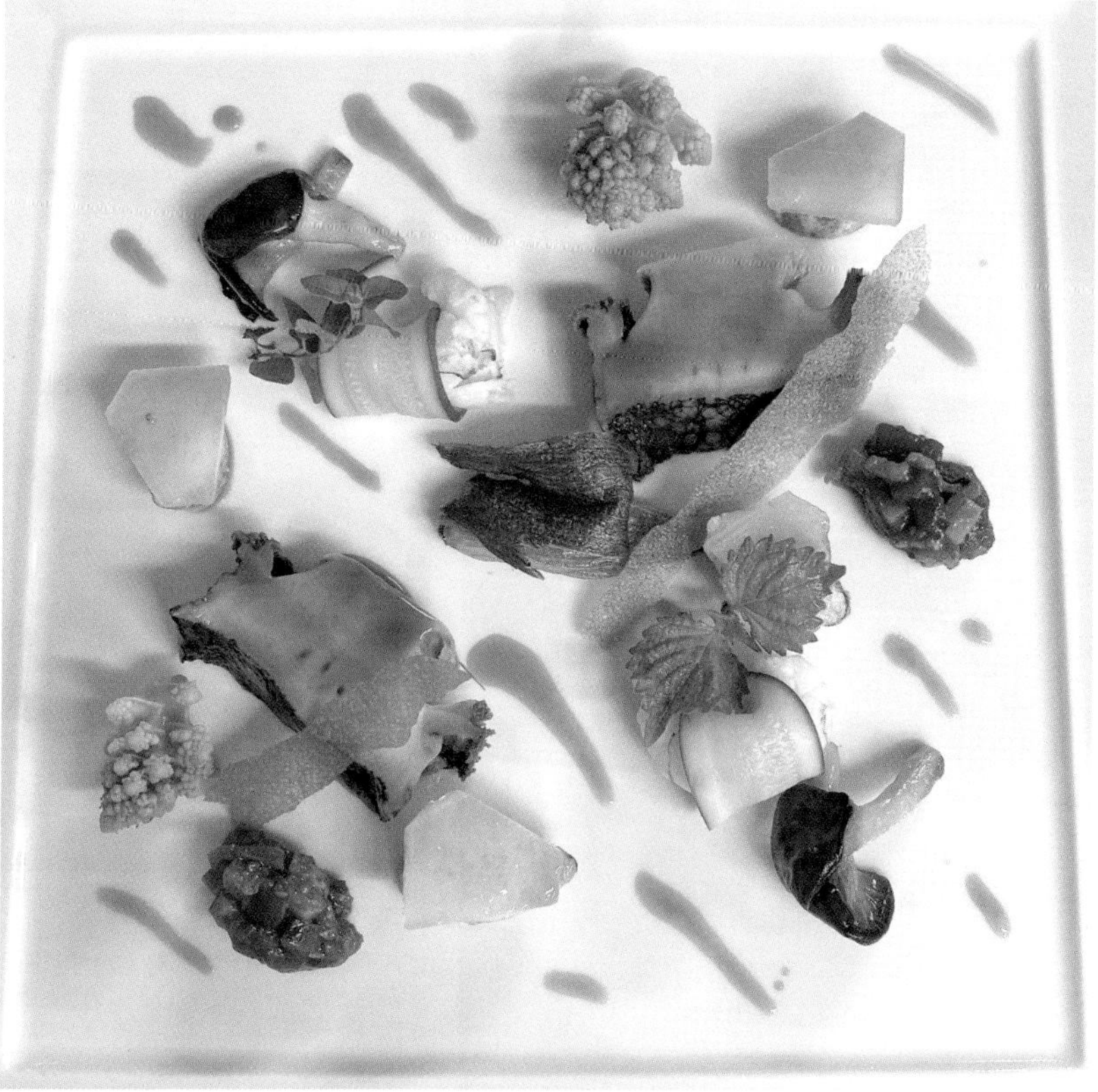

海の幸のラタトゥイユ、小さな野菜オレンジ風味、ズーム

とを教わった。その後、巨匠ミッシェル・ゲラール氏の店で、店作りなどに影響を受け、経営者として尊敬している。パリのギー・マルタン氏の店「グラン・ヴェフェール」では野菜だけで作ったデザート、クロコダイルのエミール・コング氏の店ではソースが一番印象に残った。

フランスで学んだことを生かして、フランスの味をそのまま京都で再現したが、重めの料理は日本では

大溝シェフとケンの若き日のツーショット

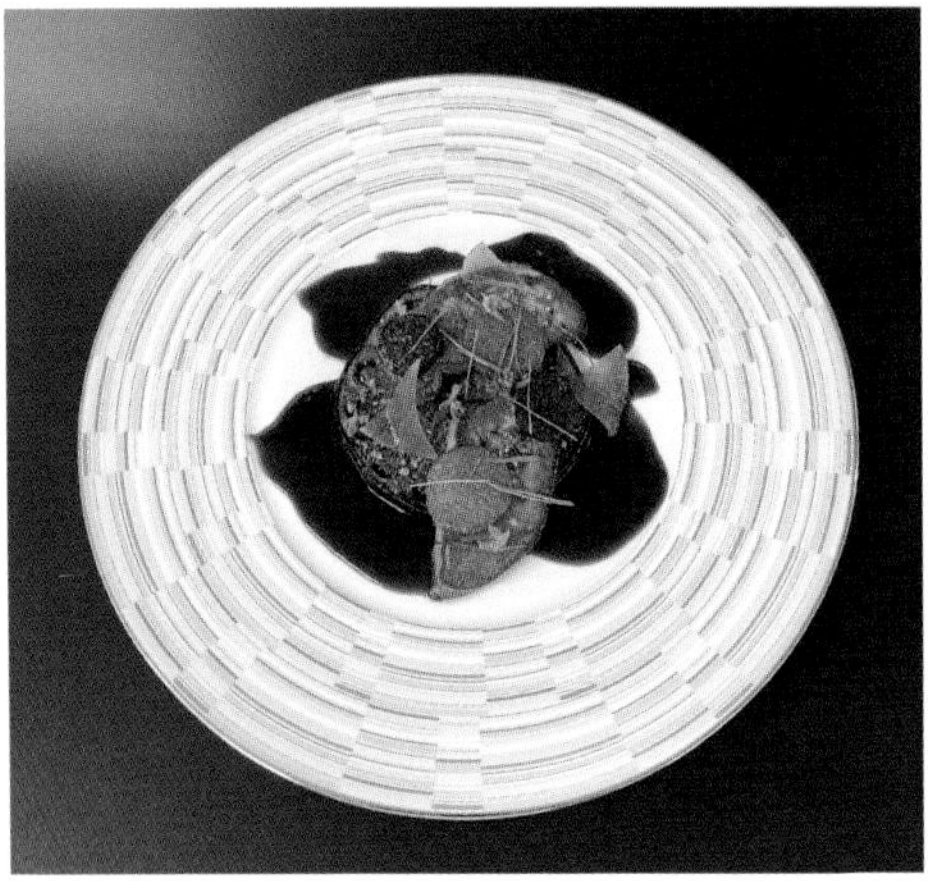

（左上）シャラン産鴨胸肉のロースト。（左下）フォアグラのソテとカモナスエピス風味、赤ワインソース。（上）オマール海老とルバーブセシュ、アボガドとライムのソース

受け入れてもらえなかった。日本人に合うように、味も調理法も工夫した。塩もソースも詰め方も軽めにし、ポーションも抑えめにした。料理を作るときは見た目も大切なので「きれい、美味しそう」を意識している。

　隆智氏は、帰国してから日本文化の素晴らしさにも気づかされたそうだ。

京都の客は不便な場所でも「来はる」

　ボルドーは京都の中心部から離れたところにある。ケンは隆智氏に立地のハンディーについて聞いたことがある。隆智氏は明快に答える。

「ハンディーはないですね。フランスでも地方の三つ星であっても、ものすごく不便なところにあるのにお客さんはきはるし、美味しいもの

ケン（中央）と大溝親子。
長いつきあいの親しさが

作っていたら、どんなところにもお客さんは来はるんじゃないかと思うてます」

　また京都独特の文化もある。

「本やテレビで見たからと言って来はる人は一回来たら、次は来はらん。京都人は誰々の紹介で来はる人は長く来はるんで、その違いはあります」

　父は京都府から「現代の名工」にも選ばれているが、そのプレッシャーはないのか。

「ないですね。和食と違って、同じものをずっと続けていくんじゃないし、フランス料理は自分の色を出していけます。父と同じものを継続していくならプレッシャーもあると思いますけど、全然違うことをしていこうと思うてるんでプレッシャーはないです」

「ボルドー」では料理は父親、レセプションは母親が支えてきた。両親の背中を見て、今度は妻といっしょに店を切り盛りしたいと思っている。しっかりと「ボルドー」二代目の自覚が身についている。

ケンを「古い友」と迎える隆夫氏

　父の大溝隆夫氏とケンが出会ったのは知人の紹介だった。いつも突然アポイントなしでやってくる。タクシーが店の前に止まったと思えば、ケンである。京都駅から約三十分もかけて、京都洛北の閑静な住宅街にあるフランス料理店「ボルドー」までやってきた。

「飛び込み」の営業は、東京の方が受け入れてもらえたが、関西のフランス料理店に食材を卸すのは難しいとされた。

大溝氏は関西のフレンチ界の重鎮である。関西をまとめていた大溝氏だからこそ、受け入れてもらえるのではないかという思いがあった。大溝氏はケンの大胆さを認めた。

大溝氏とケンとのつきあいは深まった。あるとき、ケンが手長海老（ラングスティーヌ）を冷凍して持ってきた。品質はよく、品物としても申し分ない。しかし、数十匹をまとめて固めているので使いにくい。一尾一尾の冷凍にしてもらえないか、そんなリクエストをした。「私がはっきり物言うから、困ったんじゃないかな」と大溝氏は笑って話す。すると、ケンはすぐに対応した。

隆智さんもまたこう話す。

「ある本の取材で珍しい食材を探していた。渡辺さんに問い合わせたところ、対応が早かった。食材は忘れたけど、相談すれば、すぐに応じてくれました」

こうした行動が大溝氏親子との信頼を築き上げた。

大溝氏は節目のパーティには必ずケンに声をかけている。ケンは胸に馬のブローチを着け、おしゃれなスーツを着こなしていつも現れる。数百人規模の中で一番目立っていたそうだ。周りを気にしない独自のスタイルで現れるケンを見て、パーティの招待客から「あの方はどなた？」と尋ねられると、大溝氏は決まって「古い友人」と答えている。単なる業者ではない。大溝氏や家族にとって大切な友人である。

フランス共和国領事がボルドーに見えた。隆夫シェフとツーショット

大溝隆夫氏が一九七八年に「ボルドー」を開店したのは、京都のフランス料理の老舗で十年ほど勤めた後に渡仏し、帰国後、京都の店で料理長を務めた後だった。

ある大企業の社長から京都迎賓館で「ボルドー」の料理を作ってもらいたい、と直接依頼があった。父親の隆夫氏がキッチンの設計レイアウト、機材導入まで担当した。

これまでにフランス料理界への功績が認められ、叙勲をはじめ、現代の名工やフランスの農事功労章など数々の受賞歴を持つ。オーナーシェフを務める「ボルドー」を今は息子の隆智さんに任せている。一緒に厨房に立っているが、時に衝突することも。しかし、なるべく口を出さないようにしているそうだ。

〈大溝隆夫氏の受賞歴〉

- 二〇一八年　フランス共和国
  農事功労章オフィシェ受勲
- 二〇〇三年　フランス共和国
  農事功労章シュバリエ受勲
- 二〇一五年　黄綬褒章受章
- 二〇一三年　厚生労働省
  卓越技能章国の現代の名工
- 二〇〇三年　京都府　現代の名工

ラ・ブランシュ

田代　和久

〒150-0002　東京都渋谷区渋谷 2-3-1　青山ポニーハイム 2 階
TEL03-3499-0824

田代和久シェフ

故郷の心をつなぐ　田代シェフ

田代和久氏がオーナーの店「ラ・ブランシュ」とは「真っ白」という意味である。「予約帳が〝真っ白〟でも初心を忘れず白から出発する」というのが店名の由来とか。

自然豊かな福島県の出身である。開店したのは一九八六年、フランスの修行から帰って三年間の雇われシェフを務めおえて、渋谷に近い青山に自分の店をもった。

「田代料理」といわれる独創性は、フランス帰りながら「みそ汁とオシンコで育った」福島育ちの味が出る。「竹の子とフォアグラ」はその代表的な料理である。

生まれ故郷の地名も田代。春には竹の子やウナギが採れた。フキの葉を丸めて湧水を掬って飲む。そのときの水の香りが忘れられない。秋には椎茸も採れる。そこで魚料理に椎茸をつける、そんな自然な料理を作るようになった。自分が育った味覚でフランス料理を作っていこうと決めてやってきた。

「病気を患ったマダムがラ・ブランシュで食事をしたいと病院を抜け出して食べに来てくれたことがあった。その後にお礼の手紙が届いた。感激のあまり何度も読み返して涙が

(上右・左)調理中の田代シェフ

(中右)シャラン鴨肉のロースト、レンズ豆のブレゼ、黄金柑のアクセント
(下右)イワシとジャガイモの重ね焼き、トリュフ風味イワシのポタージュ
(下左)夏野菜のガスパチョ

止まらなかった」

イワシとジャガイモのスペシャリテは、素材を生かした一品である。また食べたいというファンが多い。フランス料理という土台で、オリジナリティを表現する。それが田代氏のスタイルなのだ。

田代和久氏の経歴や料理に対する姿勢をケンが記した「イメックス・ジャーナル」を基に紹介する。

田代和久氏は二十七歳のとき、フランスへ渡航した。オルリー空港でのフランスの最初の香りは脂のにおいだったそうだ。迎えにくるはずの友人が見当たらず、習いたてのフランス語を発したが、通じずに困り果てたエピソードがある。

フランスでは食べ歩きに徹した。日本でやっていたフランス料理と本場のフランス料理とはどこが違うのかを知りたかった。日本で貯めた現金七十万円を食べ歩きに費やした。

先輩の紹介で働き始めた店では言葉が通じなくて苦労した。オーダーが入るとフランス人のギャルソンが「ケル　ターブル（どのテーブルか?）」と尋ねるがすぐには答えられない。くやしくて、毎晩寝る前にフランス語で一から百まで反復練習した。

「ギー・サヴォア」で働いたときには「乾いた砂に水が染み渡っていくような感じで、自分の体の中にフランス料理が染み渡る時の中にあった」という。店を渡り歩くなかで、フォアグラのローストというと丸一個のまま、トリュフも調理場がトリュフの香りで充満するほど。日本では想像もつかない体験だった。

ケンと談笑する田代和久シェフ

味噌汁やおしんこの味覚で

帰国後、銀座にオープンした「レザンドール」の初代シェフを務めた。そしてその三年後に自身の店をオープンした。そのころ、皿の上の料理を白々しく薄いもののように感じるようになった。このとき田代氏は福島で育った幼い時の記憶を思い起こした。味噌汁やおしんこを食べて育った、どうしようもない自分の存在。

そこに「エスコフィエ」のフランス料理の真髄がある。味噌汁やおしんこで育った味覚は間違いない事実としながら、フランス料理を作っていこうと考えるようになった。いま「田代料理」として人気があるのは、その気持ちを大切にしているからである。

「素材に頼って料理するのでなく、素材の味を知らないと何ができるかわからない。魚でも何でも焼くときにどのような気持ちで焼いているのか。片面を焼いて残りの片面はどの程度まで火をいれるのか。感じ取れる感性を持たないといけない」(田代氏)

仕事の合間に俳句も詠む。日本人としての感性も磨く。それがまた料理へと生かされる。俳句を詠むときの自然へのまなざしがそのまま料理に向けられる。こうして自分のルーツを大切にするようになった。イメック・スジャーナルにも「自分で感じたもの、自分の個性を仕事にさらけ出していきたいと思っている」と語る。

大切にしたい客人についても「感性そのまま」でこう話す。

ル・ジャルダン・デ・サブール

中澤　敬二

〒104-0061　東京都中央区銀座山本ビル１階
TEL03-3542-2200

銀座の店に立つ中澤敬二シェフ

真っ直ぐに向き合う　中澤シェフ

東京・東銀座。階段を降りれば、オープンキッチンのカウンター席が広がる。磨き抜かれたステンレスの厨房に立つのは中澤敬二氏だ。「ル・ジャルダン・デ・サブール」という店である。「香りの庭」の意味が店名にこめられている。一九九一年に開店して、もう三十年になる。

ケンは中澤氏の店を訪ねると、いつも長居してしまうという。中澤氏のフランス時代の話を、ついつい深く突っ込んで聞き出してしまうからだ。「イメックス・ジャーナル」98号で、田代和久シェフとの対談記事が掲載されているが、この時は朝方まで話し込んだと記されている。

中澤氏は、料理の世界にはいった当初はフランス帰りのシェフの有名店で働き、自身もフランスへの憧れを抱くようになった。仕事の合間を縫ってはエスコフィエの料理書を眺め、本場の味を知りたいと思いを巡らせていた。ウォークマンを手に往復一時間の通勤電車でラジオ講座のフランス語をひたすら聴いた。そしてフランスへ渡る機会を得た。

天然鯛のポワレ、茄子のピューレカレー風味、トマトソース アスパージュ ソバージュ添え

中澤氏がフランスに渡ったのは二十五歳のとき、羽田空港からアンカレッジ経由でパリのオルリー空港に着いた。パリでの生活は、知り合いの家の屋根裏部屋から始まった。最初の仕事場はレストラン「ギー・サヴォア」。仕事はとても楽しく、とくに魚料理が得意で、オーナーのサボア氏にはかわいがってもらった。しかし、いっしょに働くフランス人の同僚たちとよく喧嘩になった。下処理で何度も競う場面があった。

「子羊をさばく早さはフランス人の誰にも負けなかった」

フランスでの修行は本物を教えてくれた。一流店は単に一流シェフのレシピだけで動いているわけでなく、料理へ真正面から向き合う大切さを教えてくれた。

ミッシェル ブラスのスペシャル　温野菜の盛り合わせ（ガルグイユ=季節の色々野菜&ハーブ）

ランド産鳩の脂巻きロースト、内臓とフォアグラのピューレ、モモと手羽のロースト・ブロッコリー添え

円形の独特のカウンターに立つ中澤シェフ

交友のあったフランス人シェフのミッシェル・ブラム氏の店で野菜をふんだんに使った「ガルグイユ」に出会った衝撃は忘れられないという。三十種以上の野菜や香菜が、個性を出しながらも調和する一品は、中澤氏のその後の方向性を決めた。

野菜の旨みを引き出す極意

帰国して有名店のシェフを務めた後、一九九一年、オーナーシェフとして「ル・ジャルダン・デ・サヴール」をオープンさせた。ひとりで厨房を仕切り、顧客としっかり向き合うスタイルだ。

「イメックス・ジャーナル」（98号）は中澤氏の言葉を伝える。

〈玉ねぎひとつとっても炒め方ひとつで、本当に美味しくなる。す

若き日の中澤シェフはヒゲが印象的

ケンと合うといつも打ち解ける中澤シェフ

べての炒め方にスタンスがあって、浅く炒めた時においしい味、キツネ色まで炒めた時のおいしい味、オニオングラタンまで炒める時。それぞれの料理にしたがってちゃんと炒めたら完璧になるけど、いくら生産者が良いものを持ってきたからと言っても料理の道理を理解しないまま素材に頼っても意味がないと思う。有機栽培、無農薬と素材を選ぶ前に自分の技術を極めろ、と言いたい〉

昨今の素材に頼りすぎる傾向に警鐘を鳴らす。いまも昔も変わらない料理の哲学である。

わが子の離乳食を本にまとめたことがきっかけとなり、野菜の真の美味しさを知ってもらうことにも力を入れた。家庭で手に入る食材を使って四十七もの離乳食レシピを紹介して、母親たちに離乳食の作り方などを伝える。食への意識が三歳までに決まるという。つまり「食べること」は一生つきあっていくもので、生きることの本質そのもの。「本物」を次世代に伝える努力を惜しまない。

〈素材に頼るだけではなく、その素材の旨さをわきまえて、そこから料理を作っていけば、もっと違った感覚の料理ができる。俺は素材に頼っているのではなく、素材の味を知らないで何ができるのかと思うんだ〉

熱く料理哲学を語る中澤氏の店に足を運べば、ケンはつい長居するという。いつも店が終わるころに顔を出すようにしている。そして、料理談義は夜更けまでつづく。

ヌキテパ

田辺　年男

〒141-0022　東京都品川区東五反田3-15-19
TEL050-3461-7767

元ドイツ大使邸跡に一九九四年開店

田辺年男氏が一九九四年に「ヌキテパ」を五反田に開店したときは四十五歳だった。変わった経歴の紹介は後回しにして、いま人気レストランとして、多くの固定客を持つ店を紹介しておこう。

元ドイツ大使私邸跡にある「ヌキテパ」周辺は閑静な住宅地。五反田駅から徒歩七、八分。店に入るとまず、広い部屋から中庭が見える。壁には「スイカと美女」の大きな額装の絵が飾られている。著名な画家に田辺シェフが想い描いてもらったそうで、女性はなかなかセクシー。店名の「ヌキテパ（Ne Quittez pas）」とは、英語の「hold on（自分スタイルをキープする）」の意味だ。

著名人客には勝新太郎、王貞治らがいたという。日本体育大学で体操部にいた時代は先輩にオリンピック選手の監物、塚原というメダリストがいたこともあって、広い人脈が客層を広げたようだ。社会人になって体操は辞めたが、真面目にプロボクサーを目指した。田辺ジムが近くにあって、いまでも汗を流しに通う。料理人になるまでの波乱の人生は漫画のモデルにもなった。

いま「ヌキテパ」をネットで見る

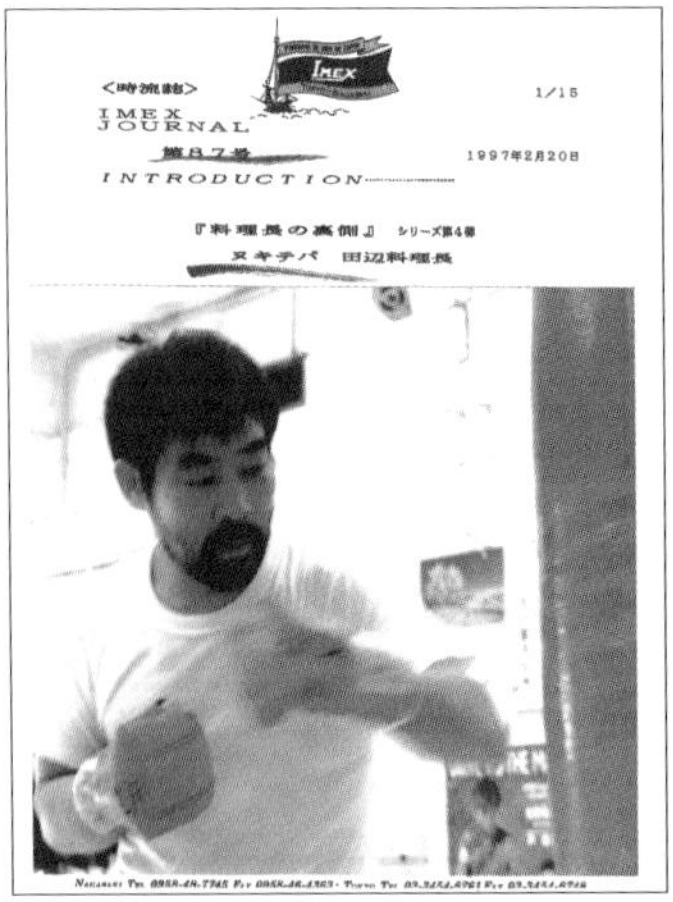

「イメックス・ジャーナル」に紹介された田辺シェフのボクサー時代

田辺年男シェフお気に入りの「スイカと美女」の絵。「ヌキテパ」のシンボル壁画

と、田辺氏の紹介に「現代の名工」とでてくる。豊富なメニューは魚を調理した食欲をそそるような写真が数多く並ぶ。

日本体操部での合宿料理で評判

「イメックス・ジャーナル」の87号は表紙に田辺シエフがボクシングのトレーニングをする写真が掲載されている。記事では田辺氏のヒューマンストーリーが詳しく書かれている。

茨城県で育った子どものころ、親は田辺氏に対し、勉強しろとは一度も言わなかった。相撲を取ると、必ず勝った。スポーツ好きだったため、高校進学の時も茨城でスポーツが盛んな名門校に進んだ。体操部に籍を置き、厳しいしごきにも耐え、日本体育大学でも体操を続けた。

日体大時代、合宿で先輩たちから「田辺、お前作れ」といわれて作ったのが、人に食べてもらう料理の最初だった。料理作りの心得は「一番うまく、一番早く、一番量が多く、一番安上がり」の四つの条件。

ジャガイモとトリュフのフォンダン、土のソース、新玉葱のフリット添え

茨城の実家では七人家族、五人兄弟の末っ子だった。父親が卓袱台に座り、箸を持つまでは子どもたちは箸を持ってはいけなかった。父親は味噌汁、ご飯、漬物などを見回し、キュウリ料理に目をやると、「このキュウリは何だ」と母親に尋ねた。母親が「昨日、お父さんに言われた通りに作りました」というと「バカヤロー、昨日のキュウリは細かったから厚めに切れと言っただろう」と父に怒鳴られ、母親は作り直していた。

家庭で食の大切さが身についていたので、合宿での料理作りに活かせた。例えば、新キャベツであれば、厚く切って食べてもらい、豆腐を買うときは一丁二十円のものが、少し

金目鯛の焼きブイヤベース風。キュウリとピーマンのタプナードソース

崩れていたら十円で売ってもらい、味噌汁にたっぷりの豆腐を使った。

屋台のおでん屋、とんかつ屋も経験

練習で肩を痛め、体操を断念して次に始めたのがボクシング。プロボクサーを目指し、練習につぐ練習。その成果が現れ、全日本バンタム級ランキングボクサーにまで昇った。しかし、激しい練習と減量のため、不整脈と心機能の低下がわかった。ボクシングができなくなった。

目的を失い、途方にくれていたとき、行きつけの屋台のおじさんが「屋台でもやってみないか」と声をかけてくれた。新品の屋台を引き、おでん屋を始めた。初日のことだった。「おめえ、誰に断ってここらで商売してんだ」とヤクザがやってきた。「保健所の許可を取ってますが」と言えば「このガキ、なめやがって」と絡まれたことがあった。ヤクザの親分には「お前気に入った。うちの若い衆を五人つけるからこないか」

笑顔で取材に応じる田辺シェフ。中庭が開放感を演出

と誘われ、銀座に飲みに連れて行かれた。当時、口にしたこともなかったコニャックのレミーマルタンを飲ませてくれた。

屋台引きを八カ月にわたりやったが、浮き草のような商売を長くはできないと考えていた。すると、アパートの近くでとんかつ屋の求人の看板が目に止まった。屋台を閉めて、とんかつ屋で働くことにした。

とんかつ屋の仕事では腕をメキメキ上げ、店を任されるようになった。一年が経ち、料理を追求するなら世界の料理を目指したいと、一念発起しフランス料理の世界へ。このときすでに三十歳。

素材の味を引き出す独特の料理法

ここから田辺氏のフランス料理シェフへの道が始まる。

「研修だったらいいですよ」と受け入れてくれたのがビストロの草分け勝又登さんの店「ビストロ・ド・ラ・シテ」だった。当時は給料なし、白衣は自分の持ち込みで、料理用語もわからないまま、ただただ勝又さんの迫力と料理に向き合う緊張感に圧倒された。

その後の足跡を整理して紹介。

一九七九年　三十歳で勝又登氏の

調理場の田辺シェフはすべてを一人でこなす

店に。一九八〇年　片道切符でフランスへ。一九八三年　帰国。銀座「ビストロ南蛮。一九八七年　六本木「ル・ジャポン」。この二店ではシェフを務める。一九八九年　四十歳で独立。恵比寿で八坪の店「あたごおる」のオーナーシェフに。

そして、一九九四年　四十五歳で庭付き百坪のテラスレストラン「ヌキテパ」をオープン、現在に至る。

ケンは田辺氏を「イメックス・ジャーナル」で二回にわたって特集を組んで多角的に紹介している。

〈料理人にとって料理は一〇〇％である。しかし、レストラン全体を考えると、食器、ワイン、ワイングラス、花、絵、美術品、そしてサービス。これらのすべてがバランスよく構成されて成り立つと考えている〉

二〇二〇年六月二十一日の日本経済新聞日曜版に一面ぶちぬきで、「漁師の元へ通い　魚を極めた」というタイトルで田辺シェフの生き方と、料理へのこだわりが紹介されている。

魚や貝などの素材にこだわった味は、田辺シェフの年輪を感じる深みのある料理だと紹介。魚は神奈川県三崎港、ハマグリは茨城県鹿島港と漁師から直接仕入れている。

魚も貝も素材のもつ味を引き出し、調味料をつかわない。

「土」にこだわった料理が話題になって、外国からも関心が寄せられている。「土のフルコース」もある。本来、土は自然の栄養がたっぷり溶け込んだものだという信念で、田辺シェフは、殺菌処理した土を料理メニューにいれている。

ギンザ・トトキ

十時　亨

〒104-0061　東京都中央区銀座 5-5-13　坂口ビル 7 階
TEL03-5568-3511

十時亨シェフは「フランス料理は天職」と

「トト」と呼ばれたフランス時代

十時《ととき》亨《とおる》氏は一九八三年二十四歳のときフランスにわたり、ロアール地方ブラッシュの町にあるレストラン「シェ・ロバン」で働いていた。近くにはシャンボール城、シノン城などがあって休みになると自転車で城巡りをした。「シェ・ロバン」での待遇は四千フラン（当時約十六万円）、部屋つき、飯つきだったので生活は楽だった。一年ほど働いて、ロワール川上流の「コート・サンジャック」に移った。十時氏は「トト」と呼ばれ、毎日楽しく仕事ができた。

　一九八四年、バランシェンヌの町に移動し駅のビャフェで働いたが、半年で辞めた。ここのシェフを務めていたパトリックが店を持つというので、オープン後十カ月ほど手伝った。彼の自宅を住まいにし、いっしょに生活していたから、フランス語を覚えることができた。

　このころ、労働許可証をもっておらず、パトロンから「明日はポリスコントロールがあるから、日本人のクィジニエは休みにします」といわ

十時シェフの料理。上は「アワビとキャビアのタルタル」。下は「干しアワビの赤ワイン煮」

れた時代でもあった。

一九八五年、リールの「ル・レストラン」で一年間、ブルターニュの「レ・ザルタンシア」で六カ月間仕事をした後、日本に一時帰国した。箱根にオーベルジュ「オー・ミラドー」がオープンするということで、六月から九月までの三カ月間を手伝った。

この後またフランスに戻り、ベルギーのガンの町にある、アピシウス・アィリー・ストラビンスキーの下で一年間仕事をした。

二十四歳からフランスに入り、三十歳までの六年間をフランスで過ごし日本に戻ったことになる。

「銀座レカン」で完全燃焼の円熟期

八八年に東京に戻り、溜池の「ビストロ・ボンファム」にシェフとし

ポール・ボキューズ氏は日本のフランス料理界に
大きな影響を与えた

て迎えられた。八九年オープンした「ル・クロワゼット」へ移り、三年半シェフを務めている。

そのとき、「銀座レカン」の由良さん（総支配人）がやって来て、結局、由良さんの熱意に押し切られてレカンに移り十一年間、シェフを務めた。レカンには三十四歳から四十五歳まで完全燃焼した。

二〇〇三年、四十六歳でレカンから独立して「レディタン・ザ・トトキ」をオープンさせた。二〇一三年に全面改装リニューアルオープン、店名を「GINZA TOTOKI」に改名して現在に至っている。

「フランス料理は私の天職です」

十時氏は、いま振り返って語る。

「フランス料理は私にとって天職です。若かりしころは強引に物事をすすめることが本流だと思っていたことが多々あり、血気さかんなアホな若輩者でした。フランス料理に足を踏み入れるきっかけになったのは、一九七〇年代にポールボキューズ氏が来日して、フランス料理の豪華さと未知な世界を紹介してくれたことでした。料理に対しては、常にどん欲で、世界中の素晴らしい素材にこだわり、だれもがおいしいと思う料理を追求しています。それを食べていただいた方々に幸福感を味わっていただけることを常に目指して専念していきたいと思います」

十時氏は日本のフランス料理界の将来へ思いを至らせる。フランス料理店が数多くできて、ホテルが増えていけば絶対的に料理に携わる人が

左から佐藤正直シェフ（モンアミ）、ケン、十時シェフ、マダム十時

厨房に立つ十時亨シェフ

不足する状況が進む。

パリにはレベルの高いフード＆ビバレージ＆サービス育成学校がある。指導官はＭＯＦ叙勲シェフで、さらに現役で活躍する三ツ星レストランのシェフが顧問を務め、定期的に指導している。ここを卒業すると一流のホテルの就職が約束される。こんな学校が日本でも作られても良いとも考えている。

これからの調理師学校は調理師免許だけではなく、調理学・衛生学・栄養学を取得した者が卒業し、その成績ポイントが高い人を認証する様な財団法人的な機関である。質の高い技術者養成学校だ。

「このような制度があることで求職しようとする料理人、雇用主側双方が安心できる職人＝アルティザン社会を作ることが可能になるでしょう」

日本の将来を見据えている。最後に数々の受賞歴を紹介しよう。

・二〇一五年　農林水産省顕彰者料理マスターズ受賞
・二〇一五年　厚生労働省卓越技能章　現代の名工受賞
・二〇一六年　フランス外務省発行の「世界の１０００レストランガイドブック」に紹介される。二〇一七年四十六位、二〇一八年六十三位にランクイン

エディション・コウジ・シモムラ

下村　浩司

〒106-0032　東京都港区六本木 3-1-1　六本木ティーキューブ 1F
TEL050-5595-2068

ミシュラン二ツ星の評価は海外まで

「エディション・コウジ・シモムラ（エディションと略）」は、ミシュランガイド二〇〇九年度版から二〇一九年度版まで十年連続して二ツ星を取り続けてきた。オーナーシェフの下村浩司氏は、フランスのレストランで働いていた経験から、ミシュランの評価ポイントを意識してきた。

「ゆったりとした寛いだ空間、テーブルクロスに至るリネンもシックで清潔なもの、お客さまが楽しめる雰囲気を醸し出すこと」

ミシュラン評価が世界中に届けられ、海外からのお客様も多く来店するようになった。下村氏は、ミシュラン評価の重みを感じている。

日本のレストランでの共通言語はフランス語より英語だと考え、語学に堪能なスタッフで対応出来るようにした。

下村シェフの料理コンセプトは、上質な素材にこだわり、より高いレベルの料理に挑むこと。それに劣らない食器を選び、テーブル上のプレゼンテーションとしての小さなオブジェ、そして照明に至るまで、ゆき届いた空間を楽しんでいただくことをモットーとしている。

下村浩司シェフは「星にこだわる」と

印象的な器にもセンスを感じさせるようにするデザート

星の獲得を目標にしたレストラン

フランスから帰国後、ジョージアン・クラブ、レストランFEU（フー）で働いてきた。エディションではより多くの可能性を求める必要がある。

客への接し方としては、オーナーシェフとして、各テーブルへ挨拶に回るが、肝心の料理が手薄にならないために十分なスタッフが必要だと考えている。スタッフは募集したのではなく、全員がここで働きたいと志願してきたメンバーばかりだ。

星の獲得を目標にレストランを作ってきた。そのために多くの初期投資をし、食器はもちろん、内装・カーテン・壁紙・照明・椅子に至るまで上質なものを選んだ。最初から上質なものを使うことにより、途中で手を加える必要がなく、備品の入

左から津原シェフ（モンアミ）、下村シェフ、ポーランリオ、ケン

主菜は肉を主体にしたボリュームたっぷりの満足感を演出

れ替え程度ですむ。その入れ替えは自身とお店にとって必要な変化であり、新たな雰囲気作りにもなる。

素材を生かすためには、高温で調理した方がいいか、低温で調理した方がいいのか？　この料理にはどのような器が望ましいのか？

この器にはどのような料理が適しているかを考えることで、器から最大限の料理の力を引き出すことができる。

取材への答　下村シェフの肉声

「食器選びについていえば、個性の強い器を使うわけなので、その器に私の料理が劣ってはいけません。そのバランスが融合したときに初めてデリケートで力強さのある料理の美味しさを伝えられると思います。

電話はお客様との最初のコンタクトですから、ご予約をいただいた方には、『お迎えいたします』という気持ち感じていただけるように心がけています。お客様に、『楽しかった。美味しかった。また来たい！』と言う満足感を感じていただくためには、料理も、サービスも、テーブルのオブジェ、お化粧室の芳香剤に至るまで、五感を楽しむ演出をします。

多店舗展開することは考えません。事業拡大より料理とサービスをより

赤を基調にした素材と盛り付けの前菜

確固なものにして、チーム力を向上させていくことが何より大切です。

　私のお手本は、いまでも、またこれからにおいてもフランスのレストランであることは普遍的なことです。が、フランスのフランス料理だけを見るのではなく、世界各国のフランス料理を知ることに感性を磨き続けるようにしたいと考えます」

これからシェフを目指す方のたに

「修行・研鑽中にどれだけ素晴らしいシェフと出会えるかが重要なことです。情報にあふれる現在、その情報に左右され、信念が数カ月ごとに変わってしまう、気持ちが揺らいでしまう人が多いように感じます。高い志の気持ちは、揺らぐことなく初心を貫いてほしい。

　レストランに行き、自前で払い多くの料理を味わうことで料理の力や夢をもらってほしい。また、何か問題が起きたとき、他人の責任にしないこと。他人に責任を負わせるようではシェフにはなれません！

　とにかく、料理は研鑽と努力の道のりですから止まらず、諦めず大きなロマンを胸にシェフを目指してください」

エピローグ

人生、ノスタルジー！　振り返ってみれば、ベトナム戦争時、友人の誘いでアメリカ占領地の沖縄に船で渡り、現地の人とロックバンドを組み〝コザ（現在の沖縄市）〟の外人バーでのステージ仕事をしていました。時の事情で入出国を繰り返していましたが生活が、ままならず結局、帰郷して造船関係の会社に入社。

バーでイギリス人の船舶技師＝フィル・ロッシーと知り合い、オディール（妻）を紹介されたことで私の人生が一変したのでした。恋愛・結婚、そしてパトリック・テリアンとその家族との出会い。パトリックとの出会いはフランス料理と料理素材との出会いでもありました。

私は素材（ラングスティーヌ）販売に活路をみつけ、営業活動することで素晴らしいアルチザン（職人）シェフとの出会いに繋がり、そこでシェフと食文化論をお喋りすることが楽しくて仕方がありませんでした。私が感じる食文化を伝えたいと文字にして発刊し、三百部ほど（10～15ページ）定期配布したのが

「イメックス・ジャーナル」でした。

私の近くにはベルギー人の年配の友達＝ギー・ポール（今は故人）も居ました。彼は四カ国語を話すダイナミックなコスモポリタンで、私は親子のように、いろんなことを喋り、彼の生き方に影響を受けました。

私は会社を退いた後、63歳になって願望のビストロ「ギャルソン・ケン」を開業し、その評判がSNSで広がり、国内のみ成らず海外からもお客様が来るようになり、付き合いがあったシェフ達も来てくれました。そして、六年半を過ぎたころ、帰宅中のバイク事故で緊急入院、九死に一生を得たのです。退院して、営業を再開しましたが、このまま続けることに無理を感じ閉店を決めたのでした。

この本を作るにあたっては、本作りを薦めていただいた方に感謝致します。また、作成に賛同していただいたアーティスト（芸術家）シェフ並びにアルチザンシェフに感謝致します。

心よりお礼申しあげます。

ありがとう ございました。

ケン・ジェームス・ワタナベ

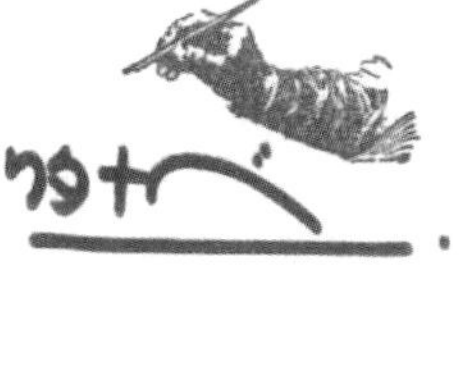

〈参考文献〉

「エスコフィエ自伝　フランス料理の完成者」オーギュスト・エスコフィエ　大木吉甫　訳（中公文庫）
「新フランス料理　料理ルセットを超えるもの」アラン・シャペル　監修　小野正吉　音羽和紀　訳（復刊ドットコム）
「フランス料理を築いた人びと」辻静雄（中央公論新社）
「フレンチの王道　シェ・イノの流儀」井上旭　聞き手　神山典士（文藝春秋）
「フランス料理二代巨匠物語　小野正吉と村上信夫」宇田川悟（河出書房新社）
「フランス料理と批評の歴史　レストランの誕生から現在まで」八木尚子（中央公論新社）

著者プロフィール

ケン・ジェームス・ワタナベ

本名＝渡辺顕一朗（わたなべ　けんいちろう）

1948年	長崎市生まれ。高校卒業後、アメリカ占領時代の沖縄にわたり、ロックバンドを組む。アメリカ兵相手の外人バーで演奏活動。
1971年（23歳）	沖縄返還1年前に長崎に戻り、会社員となる。船装品関係の会社で生産計画に配置される。
1977年（29歳）	フランス人オディール・モレと結婚。 フランス人料理人パトリック・テリアン氏との出会い。その助言で魚の食材の供給を始める。長崎魚市では仲卸大手の「古源」の古川社長＆専務に出会い、助言、協力を得られ事業開始。
1981年（32歳）	イメックス商会設立。水産食品加工を開始。水産食材やレストランのリサーチ始める。 全国の有名フランス＆イタリア料理店、ホテルなどを取引先にして自社オリジナル食品を販売。 食文化雑誌「イメックス・ジャーナル」を発行して、300を超えるホテルやレストランに配布。 「イメックス・ジャーナル」は2006年まで25年間で110号を発行した。
2010年10月	イメックスを引退（同社は現在でも東京・長崎で営業存続）。
2011年11月	長崎市出島で「ビストロ・ギャルソン・ケン」を開店。店は外国人客が多く、外国メディアでも話題になった。世界旅行ガイドブック　トリップアドバイザー　レストラン県内ランキングトップに選出も。
2016年	交通事故により一時休店。
2017年	6年6カ月で同店を売却。現在にいたる。

情熱のフランス料理

Ma Passion Pour La Cuisine Française

発行日	初版 2020年12月10日
著者	ケン・ジェームス・ワタナベ（渡辺顕一朗）
発行人	片山 仁志
編集人	堀 憲昭
発行所	株式会社 長崎文献社 〒850-0057 長崎市大黒町3－1　長崎交通産業ビル5階 TEL. 095-823-5247　FAX. 095-823-5252 ホームページ http://www.e-bunken.com
印刷所	オムロプリント株式会社

ISBN978-4-88851-354-8　C0036